過疎地域の福祉革命

安田由加理
YASUDA YUKARI

幻冬舎 MC

はじめに

少子高齢化が進む日本では、国民皆保険に基づく医療サービスの維持が困難になってきています。特に地方を中心に医療格差が広がっており、最も深刻なのは過疎地域です。都市部には一層医師が集中する一方で、過疎地域では医師がいない、看護師がいない、薬も検査器具も、あらゆる医療資源がないといった状況です。残っているのは高齢者ばかりで、老老介護では自分たちで近くの医療機関まで出向くこともままならないのです。

そんな過疎地域で、私は看護師として働いています。私が勤務する兵庫県上郡町《かみごおりちょう》は自然豊かで住みやすい地域ですが、医療崩壊が進行している過疎地域の一つであり、日々現場でその現実と向き合いながら奮闘しています。きっかけは本当にたまたまでした。私は元々急性期病院の外科病棟で働いていましたが、育児と仕事の両立のため、比較的勤務時間が自由に選択できる高齢者医療・介護を専門とする部署へと移りました。高齢者医療に携わるなかで、行政の地域包括支援部門から町の窮状を耳にしたことから、過疎地における医療・介護への関わりが始まりました。

以来、都市部と同じようなケアを提供するのが難しい過疎地域で日々業務をこなしながら、理想と現実とのギャップに悩み、苦渋の選択を迫られることが多くありました。そこで、限りなく理想に近い現場を自分たちで実現してやろうと強い気持ちをもち、これまでに知り合ったケアマネジャーや理学療法士といった仲間とともに、適切なケアが行き届いていない過疎地域に訪問看護事業と居宅介護支援事業、そして介護保険外サービスを行う会社を立ち上げたのです。

最初は何が分からないのかすら分からないことの連続でした。今思えばよくも思い切ったことをしたものだと我ながら思いますが、あのタイミングで立ち上がらなければ何も変えることはできませんでした。立ち上げた会社では、どれほど重症でも過疎地でも、どんなに事業所から遠くても、断らずに訪問看護や訪問リハを引き受けることで、これまで病院で最期を迎える選択肢しかなかった住民たちが、自宅で最期を迎えるという選択肢をもつことができるようになりました。さらに多職種が常駐するメリットを活かして、介護予防や疾病予防、健康教室などに力を入れたところ、要介護の高齢者は減り、地域の社会保障費の削減にもつながっています。対応地域も徐々に増え、利用者の増加は経営を軌道に乗せ、過疎地域に雇用も生み出しています。

私たちは、経営経験ゼロで、その無謀ともいえる思いに賛同し信じてくれた仲間とスタートした小さな会社です。しかし、地域のためにそれぞれの職種が連携することで取り残さないケアは実現できます。

本書では、私たちが実際に行ってきた取り組みを通して、超高齢社会でどのように地域が活力を取り戻すことができるのかをまとめています。本書が地域医療に携わる医療従事者にとって何かヒントになれば著者としてこれ以上の喜びはありません。

過疎地域の福祉革命　目次

［第2章］医療資源が少ない地域で苦しむ高齢者の支えでありたい——

過疎地域で小さな会社が叶えた福祉革命

［第3章］ 地域住民の望む「最期」を叶える――

高齢者の尊厳を第一に考えた終末期ケア

［第4章］　職域を超えた取り組みに挑戦する――

過疎地域にこそ求められる多職種連携

［第1章］

老老介護・医療者不足・無医地区の拡大……過疎地域の高齢者医療は崩壊寸前

少子高齢化、人口減少で過疎地域が拡大

日本では少子高齢化が進み、深刻な社会問題となっています。

第1次ベビーブームがあった1949年には、日本の出生数は269万人、出生率は4・32と過去最高を記録しましたが、それ以降、上昇する年があっても総じて下降線をたどり、第2次ベビーブームがあった1973年でさえ、出生数は209万人、出生率は2・14と1949年から半減しました。そしてその翌年の1974年には出生率が2・05と、人口を維持するために必要とされる2・07を下回り、以降50年以上回復していません。2023年には出生数は72万人、出生率が1・2となり、出生数、出生率ともに過去最低を記録してしまいました。

少子化に伴い、日本の総人口も減り続けています。2008年には1億2808万人と過去最多を記録しましたがその後は減少傾向で、2024年5月時点では1億2394万人にまで減っています。国立社会保障・人口問題研究所の推計によると、2045年には日本の総人口は1億880万人へ減少すると予測されています。

人口減少の進行により、日本はさまざまな問題に直面しています。生産年齢人口の減少で、企業は人材確保に苦戦し、人材不足による経済成長の鈍化や国際競争力の低下が懸念されています。また、高齢者の割合が増加することで年金や医療費などが増え、社会保障費の増大が財政を圧迫しています。

日本全体で人口減少は大きな問題となっていますが、特に地方ではより深刻です。高度経済成長期の1960年代から1970年代にかけて、多くの若者が就労や進学のために地方から都市部へ移動し、地方の人口が減少し始めました。1980年代以降は国内の製造業が産業構造の変化により海外移転や廃業などをしたことで、地方はさらに経済が悪化し、人口流出が加速しました。その結果、地方自治体の多くが過疎地域となってしまいました。

過疎地域とは、主に「過疎地域の持続的発展の支援に関する特別措置法」（過疎法）によって規定され、人口の著しい減少等に伴って地域社会における活力が低下し、生産機能および生活環境の整備等がほかの地域と比較して低位にある地域としています。

具体的には、人口減少率と地方公共団体の財政力が基準になります。1960年から

2015年までの人口減少率が33％以上、または1965年から2015年までの減少率が28％以上と規定されていますが、若年者比率（最近の国勢調査における15歳以上30歳未満の人口比率）が11％以下、または高齢者比率（65歳以上の人口比率）が35％以上といった条件も付加されています。財政力については、地方公共団体の財政力を示す財政力指数が0・51以下であることです。この数字はその地域の自主財源が乏しく、行政サービスの提供に困難を抱えていることを示しています。

総務省が発表した「令和4年度版 過疎対策の現況」によると、日本の全市町村1718のうち885が過疎地域に指定されており、これは実に全体の51・5％にあたります。

過疎化が進むと、労働力不足や消費の減少によって、地方の産業や商業はさらに衰退し、地域経済が縮小します。また、高齢者の増加によって、医療・介護サービスの需要が高まる一方、若年人口の減少によって、これらのサービスを支える人材は不足し、十分なサービスが提供できません。さらに、学校の統廃合や公共交通の縮小などにより、住民の生活を支えるインフラの維持さえも困難になっているのです。

過疎化が地域医療にもたらす影響

医療機関が少なくなることで、急病人がすぐに治療を受けられないことも起こってきます。そうなれば遠くの病院に搬送されるまで、救急車で長時間の移動を強いられることになります。もし近くに救急対応の医療施設があれば救えたかもしれない命が、その移動の途中で失われてしまうこともあります。

また、過疎地域では十分な医療サービスが受けられないだけでなく、医師すらいない「無医地区」も増えています。無医地区とは、簡単にいえば医療機関がまったく存在せず、緊急時でもすぐに医療を受けられない地域のことです。「当該地区の中心的な場所を起点としておおむね半径４㎞の区域内に50人以上が居住している地区であって、かつ容易に医療機関を利用することができない地区」と定義されています。

厚生労働省の令和４（２０２２）年10月の「無医地区等及び無歯科医地区等調査」によると、国内の無医地区は５５７カ所にのぼり、12万２２０６人もの人々が無医地区で暮らしています。無医地区とまではなっていなくても人口減少の著しい地方では、昔からの地元の医師が地域の医療を今でも支え続けているところも少なくありません。しかしそうした医師も高齢になっており、継ぎ手もいなければやがて廃院となり、その地域も無医地区になってしまいます。

20年ほど前に、過疎化する離島でただ一人、治療に奮闘する青年医師を描いた『Ｄｒ．コトー診療所』という漫画が人気を博しました。この作品は、地域医療が抱える厳しい現実を広く知らしめました。もし主人公がいなければ、島民は適切な医療を受けられず、命に関わる深刻な事態に直面していたはずです。多くの人がこの作品に共感した背景には、地域医療における医師の果たす重要な役割が浮き彫りにされたことがあります。医師は地域全体の命綱であり、無医地区の問題は地域全体が向き合うべき課題といえます。

過疎地域の現状は未来の日本の縮図

医療サービスが不足する過疎地域においては、高齢者の介護も問題になっています。

「令和４年度版　過疎対策の現況」「過疎地域の年齢階層別人口構成比の推移」によると、昭和35（１９６０）年から令和２（２０２０）年までの間に、過疎地域では65歳以上の高齢者階層の構成比が6・7%から39・7%へと上昇し、全国平均（5・7%から28・6%）を上回る速さで高齢化しています。

年を取れば慢性疾患や加齢に伴う健康問題を抱える人は増えます。「東京都健康長寿医療センター」の調査（2019年）によると、都内75歳以上の後期高齢者の約8割が、2つ以上の慢性疾患を抱えています。なかでも高血圧や脂質異常症、糖尿病、心疾患、変形性関節症などは高齢者によく見られる慢性的な病気で、定期的な治療やリハビリテーションが不可欠です。

しかし、こうした医療や介護を受けられる施設が不足しているため、多くの住民は遠くの病院や施設まで通わざるを得ません。これでは定期的な通院も難しく、治療が中断されて病状が悪化してしまうケースも少なくないのです。

都市部では介護が必要になっても、住み慣れた家で医療や介護を受けられるサービスが充実しています。しかし、過疎地域では在宅医療や訪問看護・介護といった支援が整っておらず、多くの人が必要なサービスが受けられないのが実情です。

過疎地域では住民の家が点在し、隣の家まで1㎞以上離れていることも少なくありません。訪問サービスを提供するには移動に時間がかかり、都市部に比べて効率が悪くなります。利用者も少なく採算が取れないため、このような場所で介護サービスを提供しようと考える事業者があまりいないのです。

介護が必要になった高齢者がサービスを利用するには、住み慣れた土地を離れ、病院や介護施設がある都市部へ転居したり、遠くの介護施設に入居したりせざるを得ません。こうした環境の変化は大きな負担となり、心身の安定や生活の質（ＱＯＬ）が損なわれることにつながりかねません。

私は小さな過疎の町で訪問看護事業を営んでいます。

もともと、急性期の病院で看護師としての経験を積んできましたが、子どもを出産してからは子育てと仕事を両立するため、夜勤がないデイサービスや通所リハビリなどの介護保険サービスを提供する事業所で働くようになりました。

病院から患者や利用者の生活の場へと働く環境が変わったことで、私は地域医療や介護の研修、勉強会などに参加するようになりました。地域医療や介護を学ぶうちに、やがて医療・福祉に携わる仲間たちと、起業を考えるようになりました。その仲間の一人であるケアマネジャーが兵庫県赤穂郡上郡町という小さな過疎の町の出身だったのです。

上郡町は、過疎化が進み将来的には人口減少により消滅する恐れが高い「消滅可能性自治体」の一つとされています。令和2年度の高齢化率は40％を超え、全国平均の28・8％を大きく上回っています。年々子どもの数も減少し、それに伴って学校の統廃合も進んでいました。上郡町は地域の復興のため創業塾を開催し、他の地域から移住して起業する人たちの支援をしていました。私はその創業塾の話を聞きつけ、上郡町の出身であった仲間のケアマネジャーを誘って参加することにしたのです。

塾で学ぶために上郡町に通ううちに、私は過疎地域における福祉サービスの実態についても問題意識を強くもつようになっていきました。過疎地域では、若者の流出と医療従事者の減少により、高齢者が高齢者を介護する「老老介護」が当たり前になっています。要介護5の寝たきりの夫を要介護2の妻が介護する、あるいは重度の認知症の妻を初期の認知症の夫が介護するといったケースもよくあります。

本来なら毎日でもリハビリしなければならない状態の高齢者が、近くに医療機関がないことから、週に数回しか利用できず、重症化してしまうことも決して少なくありません。実際に、上郡町でも脳卒中の後遺症で麻痺《まひ》が残った人が、リハビリが十分受けられなかったことにより関節が硬直し、歩行が困難になるといったケースがありました。入院や介護が必要になった場合、地元に利用できる施設がないため、本人や家族が希望していないにもかかわらず、自宅から遠く離れた施設に入るしかなく、高齢者が、愛する家族に二度と会えないまま亡くなることも珍しくありません。

私はこうした上郡町の現状に衝撃を受けました。それまでは看護師として、兵庫県のなかでも比較的都市部で働いていたので、ここまで過疎地域の状況が厳しくなっているとは思ってもいなかったのです。仲間たちも同じ思いを抱き、創業塾を縁に上郡町で訪問看護サービスを提供する会社を立ち上げることにしたのです。

［第2章］

医療資源が少ない地域で苦しむ
高齢者の支えでありたい——
過疎地域で小さな会社が叶えた
福祉革命

医療資源を町外に頼らざるを得ない消滅可能性自治体の現状

私たちの会社は兵庫県の南西部、岡山県との県境に位置する赤穂郡上郡町にあります。1889年の町村制施行により上郡村、高田村、鞍居村、赤松村、船坂村の5村が誕生し、その後1995年に合併して今の上郡町が発足しました。町の中央部を南北に流れる千種川は全国名水百選に選ばれていて、町全体が「水の郷」に指定されるなど、上郡町は緑豊かな町です。町の特産品であるモロヘイヤをはじめとして、田畑では米や麦、大豆、ブドウ、栗、イチジク、ナスなど多くの農産物が収穫できます。

一方で、町全体を見れば人口減少の著しい過疎地域でもあります。上郡町の人口は1997年以降一貫して減り続け、2024年現在で約1万3000人です。また、高齢化率（老齢人口比率）は40％を超えていて、日本全体の高齢化率の約29％を大幅に上回っています。

上郡町は、全国に744ある消滅可能性自治体の一つです。消滅可能性自治体とは、民間の有識者グループである「人口戦略会議」が分析・公表したもので、2050年までに

20～30代の女性が半減することによって、最終的には消滅する可能性があるとされる自治体です。止まらない人口減少に行政がさまざまな施策を講じていますが、効果的な解決策を見いだすことは難しいのが現状です。

上郡町は医療資源も極めて乏しく、町内には入院できる医院が1つしかないため、その医院が満床の場合は町外の病院へ入院しなければなりません。地域ごとの医療資源の状況を把握するためのデータベースである日本医師会地域医療情報システムでは2020年時点で診療所や歯科診療所、薬局などの施設がすべて全国平均を下回っています。また、介護施設などの数も決して十分ではなく、町民は限られた中で利用できる施設を選ばなければなりません。

入院施設が1つしかない上郡町という地域では、それゆえに地域の診療所の医師たちが非常に努力して在宅医療を支えています。私たちがこの地域へ来て感じたことは、診療所の医師と患者の絆が非常に強いということです。患者は近くに病院がなくても診療所の医師を頼りにして暮らしていますし、医師もその期待に応えるために忙しい外来診療の合間を縫って訪問診療や往診をこなしています。

一方で、どれほど医師が努力しても町に住むすべての高齢者や要介護者、障がいのある患者たちをカバーすることはできません。患者を支えるには医療だけでは不十分で、介護を含めて生活丸ごと支えることが必要だからです。それには医師、訪問看護師、ケアマネジャー、リハビリ専門職、介護職など多職種のチームによるサポートがなくてはならないのです。

私たちが会社を立ち上げるまで、この地域は決して医療や介護資源が豊富といえる状況ではありませんでした。もちろんほかにも訪問看護事業所などはありましたが、マンパワーなどには限りがあるため、すべてのニーズを満たすことは困難だったと容易に想像できます。

例えば、本当ならば点滴をしたほうが早く回復する人であっても、病院が遠いため、やむを得ず家族に送迎を依頼したり、看護師が点滴を取りに行くことが難しく治療内容に制約が出たりすることもありました。あるいは理学療法士などのリハビリ専門職によるリハビリを受けることができずに体の不自由に苦しんでいる人もいました。その中には、もう自分は二度と入院前のような生活を送ることは難しいと簡単に諦め、絶望感に打ちひしがれている人もいました。

さらには、住んでいる場所によってはそもそも訪問看護のサービス自体を受けることができないケースもありました。

大きな組織で不自由さを感じて独立を決心

私たちの会社は看護師である私とケアマネジャーの資格を持つ役員の秋村美貴子、理学療法士で同じく役員の山中亮二、しばらくしてから、医療事務の経験を持つ同じく役員の山本邦彦などの仲間が一緒になって作った会社です。私たちはそれぞれに病院や行政、介護施設などさまざまな場所で多くの患者、利用者を対象に経験を積んできました。そして皆、自分なりにやりたいこと、看護師やケアマネジャー、理学療法士としてやらなければならない使命を感じて独立しました。

私たちは皆、過去には病院や施設、行政など大きな組織に属した時期もありました。しかし、そこでのやり方に不自由さや理不尽さを感じて、自分たちが本当にやりたい看護やケア、リハビリを提供するために立ち上がった仲間たちです。私たちが医療と介護で町を元気にできたのは、それぞれが志を持った専門職の集まりであったことが功を奏したのだと自負しています。

私が急性期病院から介護保険サービスの枠組みで働くようになって最初に衝撃を受けたことは、対象となる利用者がパジャマを着ていないということです。これはあまりイメージができないかもしれませんが、私たち看護師が病院の中でずっとケアを提供してきた相手は「患者」です。入院患者は皆パジャマを着て病棟で過ごしていますから、私はそれまでほとんどパジャマを着た人しか対象にしてこなかったのです。

それに対して介護保険で対象とするのは、介護が必要な高齢者ではありますが患者ではありません。さらに、通所介護、通所リハビリの利用者は自宅で過ごしている人たちですから、彼らは入院患者ではなく生活者です。それまで病院でパジャマを着た患者しか対象にしていなかった私にとって、自宅で過ごす生活者を対象にするというのは大きな違いでした。

最も大きな違いは、患者はどこか悪いところがあり、それを治すために入院しているのに対して、在宅の高齢者は悪いところを治すのではなく残った能力、つまり良いところをいかにして引き出すかに重点がおかれるところです。高齢になると誰もが歩くのがおぼつかなくなったり記憶力が低下したりするなど、年齢相応の衰えが出ます。残っている能力を活かすことでその人が不自由なく暮らせるようにサポートするのが、在宅あるいは地域における看護師など医療・介護職の役割です。

この良い点を伸ばすというやり方が、私には性に合っていました。良いところを見つけて伸ばしてあげることで、どんどん表情が変わっていく高齢者を見ることにやりがいを感じたからです。だからこそ通所介護などの仕事を通して、地域での看護師としての仕事にどんどん夢中になっていったのです。

通所介護、通所リハビリは日中高齢者に食事やリハビリ、機能訓練、入浴などのサービスを提供する施設です。朝、送迎の車に乗って利用者は施設に来て、夕方には再び送迎車で自宅に戻ります。そのため通所介護を利用されていない日や週末や夜間は、基本的に家族が自宅で高齢者を介護することになるのです。

かつてのように親子が同居して大人数で住んでいるような家族が減って、今は核家族がほとんどで高齢者のみの世帯が増えています。介護は24時間365日続くことなので、家族は心身を休める暇がありません。私は家族から悩みや困りごとを聞くたびに「介護は家族だけでは無理だ。地域ぐるみで高齢者を支えなければ、高齢者自身もその家族も皆が立ち行かなくなる」という思いを強くしていったのです。

高齢者が安心して暮らすには地域の協力が不可欠

高齢者が安心して暮らしていくためには、どうしても地域の協力が必要です。そして地域に協力してもらうためには、まず地域の人に介護が必要な高齢者とはどのような人なのか知ってもらうところからスタートすることが必要でした。

そこで私は、機会があるたびに認知症とはどのような病気か、介護保険とはどのような仕組みか、要介護の高齢者は何に困っているのかなど、地域の人を対象にした研修や勉強会などに力を入れるようになっていきました。

地域の人を対象とした研修などに取り組む中で気づいたことは、専門職向けの研修よりも地域の人に向けた研修のほうがはるかにやりがいはあるということです。私は看護師ではありますが、あるときは認知症介護指導者、地域福祉推進員として、他の医療従事者や介護職など医療・介護の専門職向けの研修をすることもよくありました。ところが専門職向けの研修では、ある程度知識がある人が対象なのでこちらが知識を提供してもあまり反応はありませんでした。おそらく自分たちが普段から使っているなじみのある言葉なので、新鮮味や心に残ることがないのかもしれません。あるいは、職場から言われたから仕方なく参加している人もいたのだと思います。

それに対して地域の人は、私が伝えた知識を乾いた砂が水を吸うようにどんどん吸収してくれます。昔から地域の人たちは、互いに支え合って暮らしています。しかし、認知症による症状である被害妄想や物盗《と》られ妄想、あるいは同じことを繰り返し言うなどがあると、せっかくの関係性が壊れてしまうことになりかねません。そうならないためには、地域の人たちに認知症とはどのような病気か知ってもらうことが重要です。

そこで認知症の人の行動や症状を伝えたところ「そういえばあのときの○○さんのトラブルは、認知症が原因だったのですね」などと、皆認知症の症状よりもこれまで不可解だった○○さんの行動や変化に興味を持って、身を乗り出して話を聞く人ばかりでした。そして、「次に同じようなトラブルに遭遇したら、今度は認知症が原因だときちんと分かってあげられそうです」「もっと早く安田さんの話を聞いていたら、認知症で亡くなった母に優しく接することができたかもしれない」と今までの自分たちの対応方法について振り返ったり、次につなげてくれようとするのです。さらに認知症をはじめとする高齢者の話や介護の話を伝えると、地域の人たちは非常に積極的に聞いてくれて、同じ内容の研修にもかかわらず2回、3回と足を運んでくれる人もいました。「安田さん、またあんたの話聞きに来たで。前よりよう分かったわ」と言ってくれました。

専門職の人は仕事上必要だったり職場から言われたりして研修を受けに来ることが多いのに対して、地域の人は実際に家族の介護での困りごとがあり、自分が聞きたいから研修に来てくれます。自主的に来てくれる人は、話を吸収するだけではなくそれを日常に活かそうとしてくれるのです。地域の人が要介護の高齢者に興味を持ってくれるのが嬉しくて、私は地域活動にどんどん夢中になっていきました。

地域活動に力を入れていくうちに、次第に病院や施設などの箱の中で仕事をするのではなく、もっと広く地域へ出て仕事をしたいという思いを抱くようになりました。そこで、看護師などの経験を活かしながら地域で活動できる仕事として、行政の中でも地域包括支援の部署で働くことを選びました。地域包括支援課は、高齢者が住み慣れた地域で暮らし続けられるように、介護や福祉、保健、医療などさまざまな面からサポートする部署です。この仕事に転職して、限られた施設や病院ではなく広く地域を対象に、高齢者と関わりたいと希望しました。

しかし、晴れて地域と関わる仕事ができるようになった喜びもつかの間のことでした。地域包括支援の部署の仕事は、確かにその名のとおり地域を対象に仕事ができます。日々、高齢者をはじめとする地域の人たちと関わることはやりがいにつながりました。

一方で、やはり行政の仕事ですから柔軟さに欠ける部分は否めません。地域で高齢者たちの困りごとを聞いていると「もっとこうできないか」「こうすればこの人は楽になれる」と次から次へとアイデアが湧いてきます。また、私自身は働く時間などにもとらわれず、困っている人から求められればいつでも手を差し伸べたいとも考えていました。

ところが当然のことながら、行政で働く限りは土日祝日の休みや9時から5時までの勤務時間などが決まっています。次から次へと地域の高齢者から相談が持ち込まれるのに対して、基本的には勤務時間後は残業などもせずに業務終了としなければならないのです。

これは高齢者の生活を支える実情には、なかなかそぐわないものでした。今目の前で困っている人がいるのに「金曜日の夕方だから、今日はここまで。緊急性がないので、月曜日の朝の対応でも大丈夫そうです。続きは週明け対応します」というわけにはいきません。勤務時間が終わったから、あるいは明日は祝日だから対応を待ってもらうことなどあまりに冷淡と言わざるを得ません。また、勤務時間や休日の問題だけではなく、やり方についてもやはり厳密なルールがあったり、過去に事例がないことはやりにくかったりなど不自由さがありました。

もちろん、緊急時にはこの限りではありませんし、時間内に精いっぱい対応することでしっかり地域を支えている職員も大勢います。しかし、私はもっと本当の意味で生活に寄り添って高齢者を支えたいと思っていました。自分の仕事が休みの日にどう過ごしているのか、困っていないか、何か問題が起きていないか、気になって仕方がありませんでした。次第に、厳しいルールや枠組みに縛られる行政の中では自分自身のやりたいことはできない、と考えるようになったのです。

そのときに、知人から介護施設などの立て直しを依頼されました。知人の会社は介護施設を広く運営していましたが経営がうまくいかず、現場をよく知る管理者を探していたのです。行政の仕事に息苦しさを感じていた私は、その誘いを受けることにしました。また、知人はケアマネジャーの経験者も必要としていたため、行政時代から知り合っていた秋村と一緒に知人の施設の立て直しをすることになりました。しかし、結局この施設の立て直しはうまくいきませんでした。利用者のことを第一に考える私たちと、あくまで職員目線、経営目線のやり方を変えられないスタッフたちとの溝を埋めることがどうしてもできなかったのです。

創業塾への参加で実現したい会社のイメージが明確に

その施設を退職後、別々の場所で働きながらも、私と秋村はずっと連絡を取り合っていました。そしてあるとき、秋村の実家がある兵庫県赤穂郡上郡町の商工会が主催する創業塾のことを知ったのです。そこでは起業したい人に向けて、一から必要な知識などを学べる勉強会を開催していました。このとき、私の中で明確に起業したいという思いがあったわけではありませんでした。ただ、たまたま秋村の実家のある地域で開催されているという縁もあり「学んだ知識が将来どこかで役に立てばいいな」というくらいの軽い気持ちで、秋村と一緒に参加してみることになったのです。

ところがいざ参加してみると、非常に多くの刺激を受けることになりました。周囲は起業に向けて熱意を持って勉強している人ばかりでしたし、講師役を務める税理士は何も知らなかった私たちに一から起業の基礎知識を教えてくれたからです。最初は株式会社や株主が何を指すのかも分かりませんでした。また、勉強会のプログラムも具体的で、経営目標の立て方や決算書、財務諸表の見方など、それまで医療や介護の世界しか知らなかった私たちにとっては初めて教わることばかりでした。実は今でも毎月、経理や経営面でのアドバイスをもらっています。

創業塾に参加した最初のときは、起業といっても具体的なことは何も考えていなかった私たちですが、数回に分けて組まれているプログラムが終わりに近づくにつれておぼろげながら起業のイメージがつかめるようになっていったのです。イメージがつかめると、やる気も湧いてきます。

私たちは、それぞれ看護師やケアマネとして現場の経験を長く積んできました。自分たちなりに患者、利用者のためにやりたいケアやサービスはあるものの、既存の組織ではどうしても自由に活動することができません。ならば、自分たちで会社を作ってしまえば、自分たちがやりたいケアやサービスが提供できるのではないか、そして勉強会で得た知識をベースに学んでいけば、会社を作ることは決して無理ではないのではないか、と思うようになっていきました。

元々、自分がやりたい高齢者のケアやサポートがあるのに対して、なかなかその思いが実現できないことに悩んでいた私は、周囲から「自分で会社を作ったほうがいいのでは」とアドバイスされることがよくありました。しかし、そのようにアドバイスされても起業など考えたこともなかった頃の私は、自分には会社を作ることなど到底できないと思い込んでいたのです。看護師としてどこかの会社などに雇われるほうがはるかに責任は軽く、身軽でいられます。それに対して会社を作ってしまったら、いったいどれほどの重責を負うことになるのか見当もつきませんでした。しかし、創業塾での学びを経験して、思い切って起業へと踏み切ることができたのです。

準備を進める中で、仲間に加わってくれた一人が理学療法士の山中です。山中と私の出会いは地域のキャラバンメイト養成講座です。私がキャラバンメイト養成講座の講師を務めたときに、参加した受講者のなかの一人が山中でした。

山中は病院で長く理学療法士として経験を積んできましたが、私と同様に病院の中だけではなく地域での活動にも強い興味を持っていました。しかし、病院に勤めながら地域で活動するには限界があります。そのため病院を辞めて、独立して地域で活動することに強い興味を持っていました。同時に、介護予防にも取り組みたいと考えていました。病院は状態の悪い人が入院してきますが、そうではなく要介護になる前の予防事業にも力を入れたいと考えていたのです。こうした経緯から私たちは意気投合して、役員の一人として参加してくれることになりました。

山中が加わって、そのあとに事務として山本も参加しました。訪問看護事業所における事務職などは、利用者からは見えにくい仕事かもしれませんが非常に重要です。私の事業所では医療保険も介護保険もどちらも対応しているので、それぞれ請求作業が発生します。医療保険に関する診療報酬は2年に1回は変わりますし、介護保険に関する介護報酬は3年に1回改定があります。私自身が患者や利用者のケアにあたりながらこれらの制度改正を理解し、細かいルールのある請求事務を担うことは困難です。そのため、私たちの理念に共感してくれた山本が加わってくれたことも私にとっては幸運の一つでした。

どの地域でも高齢者が安心して暮らすために会社を設立

こうして志を一つにするメンバーがそろい、晴れて2019年12月に会社を立ち上げることができました。住み慣れた地域でその人らしく最後まで過ごせるように、多職種連携で必要な人に切れ目ないサポートが提供できるように、医療・介護が起点となって地域を元気にできるように、私たちの挑戦が始まったのです。少々大げさな言い方をするならば、福祉で革命を起こしたいという意気込みを持って会社を作ることを決めたのです。

会社を作ることを決めて役場に挨拶に行くと、非常に歓迎を受けました。人口が減少している地域で新しく会社を作ること、しかもニーズの高い医療・介護分野で会社を作ることを強く喜ばれたのだと思います。それまでも行政関係者や役所の人とつき合うことはありましたが、事務的な対応しかされたことがなかったので、熱烈な歓迎に面食らうほどでした。

私たちがやりたいことは数多くありますが、そのうちの一つは切れ目のないケアを提供することです。病院に入院しているときから自宅へ戻るまで、そして自宅へ戻ってからも切れ目なく安心して過ごせるようにサポートしたいというのが私たちの目標です。病院と介護施設、在宅など患者や利用者を取り巻くすべての関係者が連携することで、高齢になって病気や要介護になっても安心して住み慣れた地域で暮らし続けられるように全力で応援したいという思いがあります。

また、訪問看護のサービス提供を通して、患者や利用者の「やりたい」「したい」という気持ちを大切にして、そうした願いを叶えることも私たちの目標です。願いを持つことで前向きになることができ、生きる力につながりますから、やりたいという気持ちを持つことは健康を維持するためにとても重要なのです。病状や体の障がいの程度にかかわらず、患者や利用者が望めば最後まで住み慣れた地域で暮らせるようにサポートすることもやりたいことの一つです。がんや認知症、あるいは神経難病などさまざまな病気になったとしても、人生の最後までその人の希望をかなえられる人生を全うしてほしいと思うからです。

同時に、自分たちをはじめとして働くスタッフ自身がやりたいことを応援できるような会社を作りたいとも思いました。特に秋村は、働くケアマネジャーの頑張りを適切に評価できる仕組みを導入したいと考えていたようです。ケアマネジャーが働く職場にもさまざまな種類がありますが、どうしても能力のある人に仕事が集中する一方で、その努力を十分に評価や給与に反映することが難しいという現状があります。だからこそ自分で会社を作ることで、客観的な評価プロセスなどを整えて、努力に報いることができる職場を作りたいと考えていました。医療や介護は女性が多い職場だからこそ、子育てなどとも両立しやすい会社を作りたいと思っています。

地域を救うには看護師だけでは不十分

看護師である私だけではなく、理学療法士やケアマネジャーなどの多職種が集まっていることは私たちの大きな武器の一つでした。なぜなら訪問看護の事業で地域を支えるためには、多職種の力がどうしても必要だからです。もちろん、制度上は訪問看護ステーションを開設するには常勤換算で2・5人の看護師がいれば問題ありません。しかし、実際に地域で暮らす利用者の生活を支えようと思ったら、看護の力だけでもリハビリ専門職の力だけでも不十分です。看護もリハビリも、どちらもそろっていて初めて安心して利用者の生活を支えることができるのです。

私は訪問看護事業を行うならば、利用者の生活を丸ごと支えたいと思っていました。ならばなおのこと、看護師とリハビリ専門職の両方が必要でした。今、医師以外の専門職として看護師しかいない病院はほとんどありません。多くの病院で看護師に加えて理学療法士や作業療法士、言語聴覚士などのセラピスト、薬剤師、管理栄養士などさまざまな職種が活躍しています。

ならば、在宅においてもこのように多職種で利用者を支えるのがベストです。それによって看護師が体調面を看《み》ながら、リハビリ専門職は身体的な機能の維持・向上に取り組めるなど、一体となって利用者を支えることができるからです。

看護師とリハビリ専門職が両方そろっていることによる相乗効果は多くあります。例えば歩くためのリハビリ一つとっても、まずは体調が悪ければリハビリをすることはできません。あるいは体調が安定していたとしても痩せていて筋肉がほとんどない状態ならば、歩くリハビリの前にまずは食べて体力をつけて、運動に必要な栄養素であるタンパク質や糖質から筋肥大を得る必要があります。痩せて筋肉がない状態で歩く練習をしたとしても、ただ疲れるばかりで歩く能力が向上するとは限らないからです。

また、看護師もリハビリの基本的な知識はありますが、リハビリのプロではありません。セラピストはリハビリのプロですから、単に歩いたり手指を使ったりするなどの動作をサポートするだけではなく、その方の状態や残された機能を評価し環境調整を細かく行い、それを生活に活かすなど、さまざまな方法でアプローチできます。徒手的療法とは、直接患者の体に触れて関節の動きを改善したり、マッサージしたりすることです。看護師の視点とリハビリ専門職の視点、どちらもあることでより効果的に利用者の生活をサポートできるのです。

多職種連携を武器に介護予防に取り組む

私たちは、地域の高齢者がいつまでも自分らしく暮らせるようにしたい、さらにはこの地域そのものを元気にしたいという思いがありました。医療や介護には、患者や利用者を元気にすることで、地域自体も活性化できるという確信があったからです。

地域を元気にする方法の一つは、介護予防です。医療や介護の役割は、すでに病気になってしまった人や要介護になってしまった人をサポートするだけではありません。私たちには病気や要介護になることを未然に防ぐ予防への取り組みも求められていると考えています。

そして、病気になる人や要介護になる人を予防事業によって減らすことができれば、その分だけ元気な高齢者が増えることになります。今、日本中でいかにして高齢化に対応するかが大きな問題になっています。しかし、もしも元気な高齢者が増えるのであれば、それほど大きな問題にはならないはずです。介護サービスなども必要とせず、元気で自立した高齢者を一人でも増やすことができれば、それだけ地域自身も元気になります。

また、多くの自治体が、増え続ける医療費や介護費などの社会保障費によって財政を悪化させています。もしも病気の人や要介護者を減らすことができれば、社会保障費の削減にも貢献できるはずです。

さらには、過疎地域にこそ会社を作ることで、仕事を生み出すことにつながるとも考えました。上郡町は非常に高齢化が進んでいますが、その理由の一つは働く場所がないために若い人たちがどんどん地域から出て行ってしまうことです。実際に、地域で関わる高齢者の中には、子どもはいるけれど都会へ働きに出て戻ってくる予定はないため独居だったり老老世帯だったりする人が多くいました。それならば、私たちが会社を作ることで雇用を生み出せば、地域で暮らす若い人たちが増えることにもつながるかもしれません。実際、地元にある高校の生徒は、町外から通ってきている現状があります。4年前から始まった地元の企業を紹介するプレゼンイベントには、中学校、高校に出向いて働くことの楽しさと、仕事を通じて社会に貢献できることへの感謝を伝えています。そして、いつかこの上郡町で一緒に働ける仲間になってほしいと願っています。

また、会社を作ることで人材を育成できるとも期待しました。私は認知症を専門に看てきた看護師なので、特に認知症の看護や介護について多職種や地域住民に教えることができます。また、ケアマネジャーも日本全体で人材不足が深刻化するため、介護職がケアマネジャーの資格を取得することを応援できればいいとも思いました。リハビリ専門職についても病気の人のリハビリだけではなく、病気の予防にも詳しい人材を育てたいと考えました。

軽症者にも訪問看護やリハビリは必要である

会社を立ち上げてから最初の頃は、まず私たちの活動を理解してもらうことが必要でした。それまで上郡町では在宅医療や在宅介護の資源が豊富とはいえないため、ケアが必要な人に必ずしもサポートが行き届いていなかったのではないかと思うのです。ですから、この利用者には本当ならばこのようなケアが必要であるというところから伝えていくことが必要でした。

例えばどのような患者、利用者が訪問看護の対象になるかという点についても認識のズレがありました。それまでこの地域では、訪問看護を利用するのは主に重症患者でした。重症で寝たきりの患者、褥瘡《じょくそう》ができてしまった患者、点滴や在宅酸素、吸引などさまざまな医療行為が必要な人が利用するものであるという認識だったのです。

反対に、点滴や酸素などの医療処置は必要ないものの認知症で薬の管理ができなかったり、生活習慣の乱れから高血圧や糖尿病などの生活習慣病が重症化しそうだったりなど、健康管理などの目的で訪問看護が入るケースはほとんどありませんでした。これは訪問看護師の数が十分ではないので、軽症の患者まで手が回らなかったことなどが背景にはありますが、そのような軽症患者に対しても予防の観点から訪問看護が入るべきだということを知ってもらうことが必要でした。こうしたことをケアマネジャー一人ひとりに伝えていくと、最初の頃は「重症じゃなくても看護師が来てくれるのですか」と驚かれることがたびたびあったのを覚えています。

同じようなことはリハビリでもありました。この地域ではリハビリ専門職による訪問は町外の訪問看護ステーションに依頼されていましたので、日程や訪問回数にも制限があり、看護師がリハビリも行うことが多くありました。しかし、どうしても看護師と専門職によるリハビリでは内容に差があります。また、訪問看護と同様に要介護度が重くなってから初めてリハビリを利用するということも多く、要介護度が上がらないように予防の観点から利用するという機会は少なかったのではないかと思います。

このように、この地域ではサービスが必要なすべての人にサービスが行き渡ってはいませんでした。だからこそ私たちはがむしゃらに、誰一人地域から取りこぼされる人がいないように、依頼があればどのような人であっても断らずに引き受けていったのです。

町の人たちに受け入れられるまで時間がかかったもう一つの要因はコロナ禍でした。会社を立ち上げた当時は、コロナの感染が拡大し始めた時期で、不要不急の外出は自粛するよう呼びかけられました。日常的に行われていた交流会や連絡会など、対面で会話できる機会がほとんどなくなってしまい、私たちも地域の人たちと交流することができなくなりました。

結果的に、高齢者の外出の機会が激減し、廃用症候群にかかるリスクが高まりました。そして外出制限が緩和されたときには、日常生活動作（ＡＤＬ）、認知機能の低下した高齢者が想像以上に増え、訪問看護のサービス需要が高まることになりました。

さらに入院患者への面会が制限されたことで、在宅介護を検討する人も増えました。「病院ではそばに寄り添うことすらできないなら自宅での看取りをしてみよう」と、覚悟を決めた方が多くいたのです。しかし、在宅介護の経験のない家族にとっては、未知数で不安いっぱいです。その覚悟を一緒に考え、介護者の一員としてやり遂げたことで一気に私たちの信頼度が高まりました。

気づけば地域で最も大所帯の会社に成長

すると、次第に嬉しい変化が起きてきました。最初の頃は町の外から来たよそ者である私たちに対して、どこかよそよそしい雰囲気もあった地域の人たちが、次第に心を開いてくれるようになってきたのです。診療所の医師や近隣の病院の医師・看護師、地域のケアマネジャーなどから、私たちのところに患者・利用者を引き受けてほしいという依頼も増えていきました。あるいは地域の人たちから「あなたのところにお願いしたい」と言われることも出てきたのはとても嬉しく、驚きでした。

そしてさらに嬉しいことに、1年、2年と経つうちに、私たちと一緒に働きたいという仲間も増えていきました。看護師やリハビリのセラピスト、ケアマネジャー、事務など幅広い職種で仲間が増えて、気づけば訪問看護事業や居宅介護支援事業を行う事業所の中でも町で一番の大きな事業所に成長していたのです。会社設立から5年が経った今では、従業員数は30人（2024年10月現在）になりました。町全体の人口や年間に生まれる子どもの数が40人前後であることを考えると、会社の人数がここまで成長したのは非常に喜ばしいことだと感じています。

必要な人に必要な医療・介護サービスが行き届いていくようになると、町に活気が生まれるようになりました。訪問看護などのサービスがないために町外の施設や病院へ行かなければならない高齢者が減り、自宅で最期まで過ごすことができる高齢者が増えていきました。そして予防目的のサービスや軽症者を対象にしたケアやリハビリが広がっていくにつれて、寝たきりなどの重症者が減り、年を取っても元気で過ごせる高齢者が増えていったのです。気づけば私たちも地域の一員として町を支えていました。

［第3章］

地域住民の望む「最期」を叶える——高齢者の尊厳を第一に考えた終末期ケア

チームが一丸となって利用者の願いを叶える

私たちが会社を立ち上げてから約5年の間で、地域に住む多くの利用者の最期を見守ってきました。彼らの一人ひとりが忘れられない存在であり、同時に多くのことを教えてくれた恩人でもあります。

人生の最期をどこで迎えるかは非常に重要な問題です。患者や利用者本人はもちろんのこと、満足して最期のときを過ごすことができたかどうかは残された家族にとっても大きな意味を持つからです。私たちは多くの利用者の最期を見守ってきましたが、最期を過ごす場所として病院が良いのか在宅が良いのかは一概に言うことができないと感じています。しかし、利用者が自宅で過ごすことを望むのならば、なんとかその願いを叶えるためにチームで一丸となって努力します。

その人が自宅へ戻れるかどうかは、本人の希望はもちろんのこと、受け入れる側の家族の態勢が整っていることも必要です。ですから私たちは、最大限利用者と家族に寄り添って、さまざまな選択肢を提示します。「入院ありき」や「在宅ありき」ではなく、フラットに正しい情報を得たうえで、どうしたいかを判断してほしいと思っています。

また、本人が帰りたいと言っていても家族が不安を感じている場合は、主治医とともに訪問看護などがどうやってサポートができるかを伝えることで、解決方法が見いだせることもあり、不安が和らいで受け入れができるようになるケースもあります。自宅に帰ることができない問題が何かを考えたうえで、皆で知恵を出し合うことが重要なのです。

病院では主治医、病棟スタッフ、患者や家族を交えて話し合うカンファレンスをしますが、そこでも本人や家族の意向をベースにして今後のことを決めていきます。家族が自宅での受け入れが難しいと思っていれば、施設などを検討しますし、本人や家族がどうしても自宅へ帰りたいという希望があれば、どうすれば帰ることができるかという課題に向けて話し合いが行われます。

しかし、どれほど患者や家族が帰りたいといっても地域の医療体制や訪問看護などのケアマネジメントなどの受け入れ態勢が何もないところにいきなり患者を帰すことはできません。それによって患者の命に関われば、大変なことになるからです。

だからこそ、私たちのように地域で患者を受け入れる受け皿があることは重要です。実際に、多くの病院には地域と病院をつなぐ地域連携室がありますが、そこから私たちのところへ「あなたたちが支えてくれるならば、自宅へ帰る方向で話を進めますがどうですか?」という相談が来ることがあります。病院として患者の命に責任を持つためには、地域での受け皿を確保したうえで退院させたいというのは当然のことだと思います。

私たちはそのような相談を受けたときは、どれほど難しいケースであってもなんとか私たちの持つ力を総動員させて主治医とともに、受け入れられるように努力します。体の状態によっては、退院しても結果的にごく短い期間しか自宅にはいられないこともあります。しかし、それでも良いのです。時間の長さではないのです。家族や友人など大切な人たちと過ごすことができる時間は何ものにも代え難い時間だからです。

実際に、私たちが関わった患者でたった一晩しか自宅で過ごすことができなかった人もいました。本人の希望と家族の気持ちが一致したので、訪問看護、介護用品のレンタルなど必要な資源をすべて整えて自宅へ帰った患者でした。しかし、彼は夕方自宅へ戻ってきて、その翌朝には息を引き取りました。自宅で過ごすことができたのは、わずか一晩です。しかし、私はその晩にどのように過ごしたかを聞いて「頑張って自宅へ帰ることができて良かった」と心底思いました。なぜなら、病気のせいで話すことも困難だった患者は最後の最後に妻を手招きして呼び、抱き寄せ、ハッキリとした声で「ありがとう」と言ったからです。

想像することしかできませんが、最後に大切な人に感謝の言葉を伝えて、住み慣れた自宅で息を引き取った患者はきっと安心して満足して亡くなったのではないかと思います。また、残された家族にとっても最後に本人の言葉で感謝を伝えられたことは、その後の傷を癒やす助けになったのではないかと感じます。

寝たきりだったのに退院してひ孫を抱くことができた

私たちはこれまで数え切れないほどの患者、利用者を地域で受け入れて、最後まで見守って看取ってきましたが、最初の利用者はケアマネである秋村の祖父でした。祖父はこの地域に会社を作りたいと思った私たちに、使っていない倉庫を事務所として提供してくれた、私たちにとって恩人の一人です。彼は心臓の病気で長く入院していて、もう家に帰ることはできないと思われていました。しかし、本人の「家に帰りたい」という思いが強く、私たちもなんとかその思いを叶えたくて会社を立ち上げてすぐに在宅療養をサポートする態勢を整えたのです。私たちの訪問看護がスタートするまで、何日か退院を伸ばしてもらいました。

自宅に帰った当初、訪問看護をフルに使ってケアやリハビリを行いましたが、彼はただただベッドの上で一日中寝たきりでした。理学療法士の山中もリハビリに入りましたが、支えられても立つことはほとんどできなかったのです。

それでも、住み慣れた自宅で過ごす毎日が彼を次第に癒やしていきました。彼が寝泊まりしているのは私たちの事業所が入っているのと同じ建物の1階なので、定期的な訪問看護以外の時間にも何をしているかは伝わってきます。また、私たちの事業所には子どもがいるスタッフが多く、スタッフの子どもが事業所に出入りすることもありました。

ある日驚いたことに、スタッフの息子と秋村の祖父が交換日記をしていることを知りました。保育園児だったスタッフの息子と秋村の祖父が、いつのまにかお互いにクイズを出し合って交換日記をしていたのです。体は不自由でも自宅で地域の子どもと触れあう中で、交換日記をつけるまでに気力が回復していたことには驚かされました。

驚いたのはそれだけではありません。身体的にも周囲が予測していた以上に、どんどん活発になっていったのです。ある日は、勝手口から庭に出て野菜を収穫したり草むしりをしたりしていました。事務所の2階から「おじいさん外に出てる！」とびっくりしながらもその復活力に驚かされました。また別の日は、何か匂うと思って私たちが事務所から彼が寝ているはずの1階へ降りていくと、なんとベッドから起き上がって料理をしていたこともありました。退院して自宅で過ごすうちに体力が回復し、食欲も出てきた彼は「できるだけ迷惑をかけたくない」と考えて自分で料理しようとしていたのでした。

その後も彼は、どんどん身の回りのことができるようになりました。簡単な料理をするだけではなく洗濯物を取り込むなど、家庭の中でしっかりと役割を持つようになっていったのです。ほとんど寝たきりだったはずの彼が料理をしたり草むしりをしたりするようになったことは、大きな驚きでした。中には、おぼつかない足取りで外へ出て行くことなど危ないと感じることもありましたが、私たちは彼を止めることはしませんでした。日暮れの時間になると、雨戸を閉める生活音が1階から聞こえてくるようになりました。

さらに、彼を元気づける嬉しいことがありました。それは、ひ孫との対面です。彼は非常に子どもが好きで、孫や近所の子どもも彼を慕っていました。そんな彼にとってひ孫との対面は、何よりも生きる喜びにつながるものでした。いとおしそうにひ孫を抱っこして、優しく話しかける様子は本当に温かく、大きな愛情を感じさせるものだったのです。

最終的に彼は自宅に戻ってから数カ月が経った頃に亡くなりましたが、亡くなる直前まで畑に出るなど本当に病気になる前の彼らしい生活をしながら過ごすことができたのです。このような穏やかな時間は、病院に入院していたら味わうことはできなかったと思います。

彼がここまで回復できたのは、手厚いケアやリハビリによる効果ももちろんあったはずですが、それだけではないと思います。自宅へ帰ったことによって日常生活が戻ってきて、生きる目的を見いだしたことが大きな力になったのだと感じています。家に帰って自分のベッドから窓の外をふと見て、庭に雑草が生えているのが目に入ったら、「雑草を抜こう」と思います。いつも使っていた台所を目にしたら、「ちょっと料理でも作ろうか」と感じるはずなのです。それこそが生きがいであり、生きがいを持つことで生きる力が湧いてくるのです。

これは医療だけでは簡単に説明できない、いわば自宅が持つ力の一つだと私は考えています。実際に、生きがいの有無はその人の健康状態に大きく影響を及ぼします。理学療法士の山中が病院で働いているときに行った研究によれば、自分の好きなことや興味があること、得意なこと、人が喜ぶこと、利益につながること、これらの要素が生きがいにつながるという結果が示されました。

家族に囲まれて枯れるように亡くなった利用者

多くの患者、利用者を見送る中で、自分たちがやったことが本当に患者にとってベストだったのか、もっと良い方法はなかったのだろうかと考えさせられることもあります。より良いケアやより良い看護、より良いリハなどを考えながら、模索する毎日です。しかし、そのような中でも亡くなったのちに家族が事務所に立ち寄ってくれたり挨拶に来てくれたりすることは、大きな励みになっています。家族に「お礼が言いたかった」「家で家族みんなで看られた。看護師さんがいてくれて心強かった」と言ってもらえると、それまでの苦労が帳消しにされるような気分になります。

印象に残っている患者は数え切れないほどいますが、その中の一人にコロナウイルス感染症によって入院していたAさんがいます。Aさんは元々認知症でそれ以外にも呼吸器などに病気がありましたが、コロナに感染したことによって大きくADLが低下してしまいました。入院して治療しましたがADLなどの低下は著しく、口から食べることも困難になり主治医の見立てでは退院することはもちろん、長く生きることも難しいという状況でした。

そこで、退院が無理ならばせめて数時間の外出だけでもさせてあげたいという家族の強い希望によって、退院や外泊ではなく外出という形で短時間だけ自宅へ連れて帰ることになったのです。制度上、外泊ではなく外出の場合は訪問看護が利用できません。しかし私たちは保険外のサービスも提供しているため、保険外サービスの利用を依頼してもらい、病状の安定しないAさんの外出のために看護師の付き添いを実施しました。

事前に病院に行ってAさんの病状を詳しく聞き、家族や病院の相談員と打ち合わせをしたうえで、当日はストレッチャーを使って介護タクシーに乗りました。車中でも私が隣に控えていつでも痰《たん》を吸引できる態勢を整え、血圧と酸素飽和度を常に測定しながらAさんは帰宅しました。タクシーが自宅に到着すると、そこに待ち構えていたのは息子や娘、孫たちなど多くの親族です。居間に置かれたベッドに横たわるAさんを皆で取り囲み「お父さん、孫の○○よ、分かる？」「お父さんの大好きだった曲を流すね、懐かしいでしょう」などと思い思いにAさんに伝えたいことを伝えていました。そんなに話しかけたら、お父さんが疲れるでしょと時には笑いながら。その様子を見ると、家族がどれほどAさんの帰宅を待ち望んでいたかが手に取るように伝わってきました。Aさんはすでに自由に話ができる状態ではありませんでしたが、それでも目を見開いて孫の顔を見ようとしたり、家族の呼びかけにしっかり耳を傾けたりなど、Aさんなりに自宅での時間をいとおしんでいるようでした。

すぐに病院へ戻る時間が来ました。私は来たときと同じように大勢の家族の皆さんと一緒にAさんをストレッチャーに乗せて、介護タクシーに出発するように伝えました。すると驚いたことに、Aさんの息子たちも自分の車で介護タクシーのあとを追いかけてきたのです。息子たちは、Aさんが介護タクシーから降りて病院の入り口に着くまでのわずかな時間もそばにいたいと、あとを追ってきたのでした。

また、介護タクシーに同乗した娘はたびたび窓の外の景色を指さして「お父さんが好きだった○○が見えるよ」などと話しかけているのでした。そのときAさんは疲れ切って眠っていたのですが、たとえ一瞬の時間であっても無駄にしたくないと思っている家族の様子を見て、私はとても切ない気持ちがこみ上げました。家族にとってどれほどAさんとの時間が貴重であるか、痛いほど伝わってきたからです。

息子をはじめとして家族がここまで熱心だったのは、一つにはコロナ禍で面会ができなかったということもあります。Aさんが入院していたのはまだコロナの感染が拡大している時期だったので、家族は入院後のAさんにはほとんど会うことができていませんでした。だからこそ、また入院したら「今生の別れになるかもしれない」という思いが強かったのだと感じます。

私はAさんの様子、そして自宅での家族の様子を見て「Aさんは退院できる」と感じました。Aさんを自宅へ帰したいという家族の思いも強いと感じましたし、子どもたちが比較的近くに住んでいて介護の人手があると分かったからです。そして、そのことを息子たちに伝えました。

すると、Aさんの息子たちは非常に驚きました。病院からは、Aさんの病状が重いためとても自宅では看ることができず、これほど重症の患者を引き受けてくれる訪問看護なども見つからないだろうと聞かされていたからです。また、自宅で看るとしても多くの訪問サービスを使うことになるため、費用が高額になるとも言われていたそうです。

そこで、私たちは患者と家族の希望さえあれば、患者の重症度だけで訪問看護を断ることはないこと、主治医との相談にはなるが、医療保険と介護保険を組み合わせることで、費用負担も可能な限り抑えられる可能性があることなどを伝えました。そのうえで「今日は保険外のサービスなので詳しくは説明できませんが、もしもお父さんを家で看たいという気持ちがあったらいつでも相談してください」と伝えてその日は解散となったのです。

その翌日のことです。Aさんが入院する病院から連絡が入りました。病院からの連絡は、Aさんの家族がどうしても退院させたいと言っているが、あなたのところで訪問看護に入れるかという問い合わせでした。私は二つ返事で引き受けて、何度も何度も退院調整に入ることになりました。訪問診療を行う往診医を見つけ、ケアマネと連携しながら急いで必要な介護用品などを取りそろえてもらい、在宅療養ができる体制を整えたのです。

退院後は毎日、1日3回訪問看護が入って痰の吸引をしたり体や口の清潔を保ったりしながらケアをしていきました。看護師がいないときは家族が必要なケアをできるように、家族へのアドバイスも行いました。家族は介護休暇を取るなど工夫してできるだけAさんのそばにいられるようにして、交代で介護に当たりました。Aさんのそばには絶えず誰かいて、ベッドの周りには孫たちが描いた多くの絵が飾られていました。家族も非常に協力的で、私がAさんの体をきれいにしようとすれば誰かがお湯を用意してくれるなど、まさに皆でAさんの介護をしたという実感があり、家族と一緒にケアを行ってきました。

そうして家族に囲まれて穏やかな時間を過ごしながら、Aさんは次第に食べられなくなって点滴だけになり、まるで少しずつ自然に枯れるように最期を迎えました。Aさんを自宅で看取ることができた家族はAさんの死を悲しみつつも、最後の時間を一緒に過ごすことによって何にも代え難い思い出を作ることができました。この思い出は、大切な人の死を乗り越えるときにきっと大きな励みになると私は信じています。最初はAさんの体調に一喜一憂する家族でしたが、最期の瞬間は、穏やかによく頑張ったとAさんの周りで涙されていました。その姿はやり切った充実感に満ちた表情でした。

病院と在宅どちらも経験したからこそ分かること

Aさんのケースでは、病院からは在宅療養は難しいと言われていたものの、たまたま保険外サービスで私たちと出会ったことで、自宅へ戻ることにつながりました。これは私自身の経験に基づく推測ですが、病院は家族のためを思うがゆえに強く退院を勧めないことがあるのではないかと感じています。なぜなら、医療職であるからこそ自宅で患者の介護をすることがどれほど大変なことか嫌というほど知っているからです。それは身体的負担だけではなく、それ以上に精神的負担が大きくあります。

介護はきれいごとではすまされません。どれほど本人や家族が望んだとしても、適切なサポート体制がないまま無理に退院させてしまったら、本人の健康はもちろんのこと家族の健康や生活を損なってしまうことも起こり得るからです。もちろん家族が自宅で介護したいと強く希望すればそのために知恵を絞りますが、そうでない場合にあえて病院側から在宅療養を勧めることは少ないことも考えられます。それは患者と家族を思うがゆえであり、私だって病院で働いていたときは強く退院を勧めなかったかもしれません。

あるとき、家族に「そんなに頑張らなくていいんですよ。心配なら入院の話を主治医にしてみましょうか?」と言ったことがあります。しかし、「退院するときに自宅で頑張ります、看取りますと病院の先生や看護師さんに言ったから」と過去の言葉にしがみついていました。家族の思いは変わります。変化していいんです。私は「揺れ動くことはよくあります」と伝え、そのときそのときの家族の思いに寄り添うようにしています。

また、実際に在宅の場を知っている医療者とそうでない医療者では在宅療養に関する認識にズレがあることもあります。設備が整った病院の中で行われる医療しか知らない場合、近くに医療者もおらず設備も整っていない患者宅に退院させることをリスクと考えることがあると思います。しかし、実際に在宅医療や在宅介護の現場を知ると、訪問看護や訪問介護、通所サービス、在宅でのリハビリなど地域のさまざまな資源を活用すれば、必ずしも在宅での療養が不可能ではないことも分かってくるのです。

私をはじめとして一緒に地域を支えている仲間たちは、看護師もセラピストも皆、病院も経験したうえで地域に出てきているので、病院と在宅療養のどちらも理解しています。どちらも知る立場から患者と家族を看ることで、より安心して在宅療養ができるのだと思っています。

例えばなじみのあるご近所さんだったり大切にしていた猫や犬などのペットだったり、心を込めて育てていた自慢の畑だったりと人によってさまざまです。大切な人に囲まれると本当に穏やかな顔になりますし、友人や知人の前でしっかりしたいと思うのか、表情が途端にシャキッとすることもあります。

あるいは、自宅に帰るとそれまでの役割を取り戻して表情や態度が変わることもあります。どうしても病院では多くの入院患者の一人でしかなく個々の役割を持つことがありません が、自宅に帰れば誰しも母親だったり父親だったり、妻だったり夫だったりなど家庭での役割があります。どれほど病気になっても高齢になっても、家族の前では自分の役割を取り戻して母の顔になったり妻の顔になったりするのです。

ある患者はもうほとんど口から食べることができなくなってしまっていましたが、自宅に帰ってから妻が作った好物の煮物を美味しそうに一口だけ食べることができました。自分の家でいつも使っていた食器を使い、食べ慣れた妻の味付けで出されたことで、食べる力が湧いてきたのだと思います。

このようにして大切な人に囲まれて最後の時間を過ごし、そのあとに亡くなった人は、本当にそれまでの苦痛から解き放たれたような穏やかな顔になります。そんな患者の顔を見るたびに、やはり在宅の力というのはすごいといつも痛感しています。

保険外サービスによってきめ細かいサポートが可能に

私たちが利用者一人ひとりの望みを柔軟に叶えることができる理由の一つに、私たちが介護保険外のサービスを提供しているということがあります。介護保険サービスとは、健康増進や生活に必要なさまざまな支援を利用者の状況に応じて提供するサービスです。介護保険を使ったサービスでは内容や時間、回数を提供できる場所など実に細かいルールがあります。それに対して介護保険外のサービスであれば、利用者や家族の希望に添って予防や健康増進など、多岐にわたって自由にサポートできるのが大きなメリットです。

また、介護保険外サービスでサポートしていることは、介護予防や健康増進だけにとどまりません。利用者や家族に困りごとが起きたとき、あるいは家族だけで対応するのは不安を感じることなどに対してもきめ細かいサポートをしています。

時には利用者の望みを叶えるために、介護保険外サービスを使ってサポートすることもあります。例えば桜を見に行きたい、昔訪れた懐かしい場所にもう一度行きたい、離れたところに住む友人を訪問したいなど、その人の人生を豊かにするためのサポートをすることもあります。健康な人ならば自由に行きたい場所に行けますが、車椅子でなければ移動できない人などはリスクを伴うため専門職の何かしらのサポートが必要です。そのようなときにサポートしてくれる人がいなかったり、家族だけでは急な体調の変化が不安だったりするときに看護師などが付き添うサービスを提供しています。

よくある依頼として、例えば退院はできないけれど短時間の外出だけでも良いから自宅へ帰りたいという人の付き添いサービスを行うことがあります。退院が難しい患者が短期間自宅へ帰るときに、1泊2日などの「外泊」であれば訪問看護が利用できます。しかし泊まらずに数時間だけ自宅へ滞在する「外出」の場合は、医療保険や介護保険を使った訪問看護は利用できません。

しかし本人や家族からすれば、移動の途中で体調が変化したり自宅にいる間に体調が悪くなったりなど不安を感じることもあります。そのようなときに介護保険外サービスを使えば、看護師などが自宅への外出に付き添うことができるのです。このように介護保険外サービスを提供することで、柔軟に利用者の生活を支えることができています。

終末期でもリハビリを諦めない

訪問看護などをはじめとする在宅医療については、まだまだ知られていないことが多いように感じています。そのうちの一つが、在宅で行うリハビリについてです。私たちの事業所には理学療法士や作業療法士、言語聴覚士などのリハビリ専門職であるセラピストがいます。リハビリというと、一般的に立ち上がる練習や歩く練習など運動に関するトレーニングをイメージすると思います。そのため、がんの末期やその他の病気の終末期で、寝ている時間が長くなる患者に対してはリハビリが不要だと考える人も多いのです。

しかし、実際には終末期であってもできるリハビリは多くあります。リハビリは歩くトレーニングだけではありませんし、終末期にリハビリ専門職が関わることでＱＯＬを大きく改善できるからです。セラピストが提供するケアやサービスには、運動機能のトレーニングだけではなく、患者の体に触れて行う徒手的療法などもあります。終末期で寝たきりの患者に対しても、徒手的療法によって痛みを和らげることが期待できるのです。

私たちの事業所には、看護師だけではなく多くのリハビリ専門職がいることも特徴の一つです。彼らは終末期の患者に対しても、さまざまな形でリハビリを提供しています。

例えばがんで入院していたBさんは、余命宣告を受けて先が長くないと知ると、家族と本人の強い希望で退院して自宅へ帰って行きました。Bさんの願いは「最後まで、自分のことは自分でしたい」ということ。病気によって少しずつ体の自由がきかなくなっていったとしても、食事や排泄などできる範囲で自分のことは自分でやりたいというのがBさんの願いでした。そして、その願いを叶えるために私たちは、Bさんのリハビリを実施することになったのです。

最初は支えられれば自宅の中を移動できていたBさんですが、病には勝てず徐々にベッドの上で過ごす時間が増えていきました。ベッドで過ごすBさんに対しても、セラピストが関わることは多くあります。例えば、ベッドで寝ているときに腰だけでも浮かせることができれば、オムツをスムーズに替えることができます。あるいはベッドの上で上半身だけでも起こすことができれば、食事も安全に食べやすくなります。セラピストはその人に残った能力を最大限に引き出して、自宅での生活を少しでも快適に過ごせるようにサポートできるのです。

このように次第に動けなくなったBさんに対しても、私たちの事業所のセラピストは最後まで関わり続けました。そして2、3カ月が過ぎた頃、Bさんは自宅で息を引き取りました。家族は深い悲しみに包まれながらも「家で過ごすことができて良かった。最後までセラピストの人たちにサポートしてもらうことができて、嬉しかった」と言ってくれました。

私自身は看護師ですが、看護師が患者の体に触れるのとリハビリのセラピストが体に触れるのとでは、同じ触れるのでも少し様子が異なるように感じます。看護師は熱や血圧を測ったり清潔を保ったり、さまざまな処置をするため患者の体に触ります。一方でセラピストはリハビリや徒手的療法を中心に、患者の状態によっては本当に患者が痛みを訴える部分を触ってあげることしかできないこともあります。それでも患者にとっては、つらいところをさすってもらうことが大きな癒やしになることがあるようです。だからこそ「リハビリの先生にまた来てほしい」という患者が多くいるのだと思います。

リハビリに関しては医療職にもまだ誤解があり、終末期になるともうリハビリは必要ないとされることがありますが、私たちは家族や本人が「もう十分」と考えるまでは、最後までサポートを続けます。命の終わりが近い人に対して、「この人はここまでで良い」とケアを区切るべきではないと私は考えています。たとえ命の残りがあと数日であったとしても、その人の望みや願いは必ずあるはずです。それがある限りは、私たちは残された時間の長短に限らず全力でサポートします。それこそが、何よりも本人の尊厳を守る終末期ケアだと思うからです。

患者の家族から告げられた衝撃の質問

多くの患者や利用者の最後を支えてきた私たちですが、反対に利用者たちから教えてもらうことも数え切れないほどあります。中でも、ケアマネジャーの秋村が経験したCさんの事例は私たちに忘れられない印象を残しました。Cさんはがんの末期で長く病院で闘病生活をしていて、いよいよ積極的な治療の選択肢がなくなってきた段階で退院して自宅で残された時間を過ごすことになりました。Cさんは早くに妻を亡くして一人暮らしをしていて、近隣に住む長女が泊まり込みで介護をしていました。

退院して自宅へ戻ってきたとき、Cさんはほとんど寝たきりでベッドの上から起き上がることはできませんでした。そのため毎日のように看護師やヘルパーが訪問して、Cさん本人と長女を支えていたのです。家族や関係者の献身的なケアがあったものの、Cさんの容態は次第に悪化していき、ついには何も食べることができなくなってわずかに点滴からだけ水分を補給する状態になりました。そして自宅へ帰ってから約1カ月後、長女に見守られてCさんは亡くなりました。

Cさんが亡くなってから秋村が長女と話したところ、寝たきりだったけれどCさんが自宅に戻れて喜んでいたこと、長女自身も最後の時間を一緒に過ごすことができて満足していることなどを伝えてくれました。しかし、そのときに長女がふと漏らした言葉に愕然《がくぜん》としました。長女は「ケアマネジャーさんは、父が使っていたこの介護用ベッドで寝たことがありますか？」と尋ねたのです。秋村をはじめとして私たちは日々、介護用ベッドを使ったりレンタルしたりはしますが、自分自身がそれに寝たことはありません。秋村が返事に詰まっていると、長女は続けて言いました。

「私、父が亡くなってからこのベッドで寝てみたのです。硬くてゴツゴツしていて寝にくく、ここでずっと寝ているのはしんどいと感じました。でも、父は退院してからほとんどの時間をこのベッドの上で過ごしていたのです。もっと早く自分でこのベッドに寝てみていたら、父の大変さに気づいてあげることができました。そうすれば、もっと楽なベッドを探してあげられたかもしれない。そのことが悔やまれます」

この言葉を聞いた秋村は、頭をハンマーで殴られたような衝撃を受けました。それまでケアマネジャーとして何十人、何百人とケアプランを作ってきて、ひととおりのことは経験し尽くしたと感じていました。しかし、実は多くの利用者が当然のように利用している介護用ベッド一つですら、自分自身が体験してこなかったことに気づかされたからです。

確かに、自宅で介護を受ける高齢者の中には1日の大半をベッド上で過ごす人も珍しくありません。たかがベッドですが、されどベッドでもあります。彼らにとってはベッドの上が小さな世界ともいえるのです。それほど大切な物であるにもかかわらず、私たちはこれまでそこまで深く考えずに、よく使われているから、有名なメーカーだから、費用が安いからなどといった理由で介護用ベッドを選定していました。これは介護用ベッドに限らず、車椅子や電動カートなど高齢者が必要とするすべての介護用品でも同じことがいえます。

これはよく考えれば非常におかしな話です。自分が使ったこともなければ使い心地も理解していない製品を勧めるなどというのは、本当の意味で利用者に寄り添っているとはいえないからです。この出来事は、私たち全員に大きな衝撃を与えました。そしてそれからは、どのような製品であっても実際に自分たちで試してから利用者に勧めるようになりました。

自分たちで体験してみるようになると、それぞれの製品で使い心地も大きく違うことが分かってきます。介護用ベッド一つを取ってみても、通常のベッドの機能からリクライニング、座位、そして立ち上がりまでサポートするようなタイプもあります。立ち上がりまでサポートする機能がついていれば、ベッドから車椅子に移乗する際の介助負担が軽減できます。

これまでの私たちは、それぞれの製品の使い心地も実体験としては知らないままで介護用品を選定していました。その結果、もしかしたら利用者は不自由を感じながらつらい思いや我慢をしていたかもしれません。本当に反省してもしきれない経験でした。

　これはまさしく利用者やその家族に私たち自身が教えてもらった、学ばせてもらったケースです。私たちは確かに医療や介護の専門家であり、看護のことやリハビリのこと、介護保険制度のことなどについては多くの知識を有しています。しかし、だからといってなんでも知っているわけではありませんし、分かっているわけでもありません。そのように考えるのは極めて独りよがりです。

　利用者や家族から学ぶこと、教わることは日々ありますし、いまだにそれが続いています。Cさんのケースのように、時には利用者や家族から苦言のようなことを言われることがありますが、それも次により良いケアをするために活かしたいと思っています。

　利用者や家族から学ばせてもらうたびに、看護師ならば看護師、ケアマネジャーならばケアマネジャーとしてのスキルが上がり、引き出しが増えるからです。私たちの引き出しが増えれば、その分だけ利用者の選択肢も広がります。そうして一歩ずつより良いケアやより良いサービスができるようになるのだと思います。

病院と連携して利用者の願いを叶えたケース

私たちは患者や利用者の「こうしたい」という希望を何よりも大切にしています。何かをしたいという願いや希望は、大きな生きる原動力になると思うからです。ですから、患者がしたいということが少々ハードルの高い内容だったとしても、その希望を実現するために職員が一丸となって努力します。

心臓などに持病があって入退院を繰り返していたDさんの願いは、「退院して自宅で療養しながら、自分自身の力で外来に通いたい」というものでした。Dさんは心臓のほかにもいくつかの持病があり、退院できるかどうかは厳しい状態でした。全身のさまざまな数値に異常があり、症状が落ち着いたと思ったらまたぶり返すことの繰り返しで、私たちから見ても退院しても再び入院になる可能性が高いように感じました。

それでもDさんは、自宅へ帰ることを希望しました。仮に残された時間が長くはないとしたら、限られた時間を家族などの大切な人と過ごしたいと思ったからです。さらに、Dさんはできるだけ誰かの世話にならずに、自分のことは自分でやりたいとも希望していました。

具体的には、退院して外来通院で治療するようになったときでも、誰かの世話になって送迎してもらうのではなく、公共交通機関などを使って自分自身で通院したいと希望したのです。病気によって自分でできることがどんどん少なくなっていく中で、自分で病院まで行くというのはDさんにとっては非常に大きな意味を持つことでした。

そこで、Dさんの願いを叶えるために自分自身で病院に行くことを目標に、皆でリハビリ計画を考えました。まずは自宅でしっかり体力をつけ、自宅内で歩けるようにすることが必要です。次の段階として、自宅の外に出て歩くためのリハビリが必要でした。これには、介護保険外のサービスを活用しました。介護保険内で行うリハビリは、基本的には自宅内でのリハビリが対象だからです。

Dさんは自分で病院へ行くという目標を実現するために、本当に一生懸命リハビリに取り組みました。病気は治っているわけではないので体はしんどかったと思いますが、理学療法士などのサポートを受けながら懸命にリハビリを行ったのです。

その結果、入浴や排泄、自宅の中での移動など、少しずつ自分でできることが増えていきました。動けるようになっていくDさんの様子を見て、そろそろ自宅外にも出られそうだと判断しました。そこで外のリハビリに挑戦してみると、おぼつかない足取りながらも、なんと元気な頃に散歩に行っていたという近所の公園まで歩くことができたのです。

歩き慣れた道を自分の足で再び歩いて公園まで行くことができたDさんは、それは嬉しそうな笑顔を見せてくれました。私たちもDさんの頑張りに、胸が熱くなる思いがしたものです。公園まで歩くことができたことに勇気づけられて、別の日はバス停まで行くことに挑戦しました。

自宅からバス停まで歩くことができれば、そこからバスに乗って病院まで行くことができますから、目標まであと一歩です。そしてこの日、なんとDさんは無事に自分の足でバス停まで歩くことができたのです。バス停にたどり着いたとき、DさんとDさんに付き添っていた長女、私たちは皆で手を取り合って喜びました。Dさんの頑張り、家族の支え、病院の医療従事者、私たち在宅の医療従事者、皆の思いが一つになったと感じたからです。

バス停まで移動できることが確認できたので、外来受診の日には練習どおりにDさんは自分の足で病院へ向かいました。私たちはバス停まで見送って、そこからはDさんと付き添いの長女2人でバスに乗り込みます。あらかじめ連絡をしてあったので、降りた先には病院の職員が待っていてくれて、Dさんを病院へ受け入れます。こうしてDさんは、退院時の大きな目標だった自身での外来受診を叶えたのです。

ここで忘れてはならないことは、Dさんの目標を実現できたのは病院の医療従事者と私たち在宅の医療従事者の連携があったからこそだということです。Dさんの状態は必ずしも安定しているとは言い難かったので、何かあったときにはすぐに病院にフォローしてもらう必要がありました。私たちがDさんに付き添えるのはバス停までで、バスを降りたら病院のスタッフが待っていてくれると分かっているからこそ安心して送り出すことができたのです。

また、病院側も比較的重症度の高いDさんを受け入れてくれる訪問看護の事業所を求めていたという事情があります。実際に退院時のカンファレンスでは「あなたたちならリスクの高い患者でも受け入れてくれて、患者の希望を実現するために諦めずに取り組んでくれると信じている」と言ってもらうことができました。

このように、本人の尊厳を第一にした在宅ケアを実現するためには、本人や家族はもちろんのこと、病院の医療従事者、在宅の医療従事者、介護従事者のすべてが手を取り合って連携することが何よりも重要になるのです。

生きがいを取り戻して介護保険を卒業した利用者

患者や利用者の「したい」という気持ちを大切にしたケースで、Eさんのエピソードがあります。Eさんは体に麻痺があり、リハビリ病院も含めて長い間入院して過ごしている人でした。麻痺はかなり重度で、装具などを装着していたものの、一方の足はほとんど動かすことができずにだらりとぶら下がっている状態でした。しかし、入院期間も長期に及び、本人の強い希望もあって退院することが決まったのです。

退院にあたって私たちの事業所のセラピストやケアマネなどが話を聞いたところ、Eさんの希望は「自宅の周囲を散歩がしたい」というものでした。そこで、家を出て散歩ができるように、まずは歩けるようになることを目標にリハビリをスタートしたのです。

そうして体力作りや自宅内での歩行など、一歩一歩リハビリを進めていきました。リハビリをする中では、Eさんとセラピストがじっくり話をする時間が生まれます。2人は歩行の練習などをしながら、いつしか世間話をするようになりました。世間話をする中で、Eさんは野菜作りが大好きで、自宅の裏にある畑で作物を作ることが大好きだと知りました。元気だった頃は作物を作るだけではなく、それを近所で開かれるマルシェで売ってはお金を稼ぎ、孫にお小遣いをあげたり家族で外食をしたりしていました。

野菜作りについて話す様子があまりに嬉しそうなので、セラピストは「野菜作りをもう一度できたらいいですね」と語りかけました。しかしEさんは「この体じゃ、もう野菜作りはできるはずがありません」と残念そうに首を振るばかりでした。

Eさんの諦めきった顔を見て、セラピストがどうして無理だと思うのかと聞くと、体が不自由になってしまったことに加えて畑の場所もその理由だと話してくれました。Eさんの畑がある場所は自宅裏の土手の上にあるため、元気な人でも上るのが大変な場所だったのです。実際にセラピストがその場所を見てみると、手すりも何もない急な階段を上がったうえで、さらに急な坂道を上らなければならないことが分かりました。ここを上るには、相当に歩く機能が回復しなければ難しいと感じました。

それでもEさんに、リハビリしてまた畑に行けるようになったら野菜作りがしたいかと尋ねたら、Eさんは「できることなら野菜作りをもう一度したい」と言いました。やはり野菜作りはEさんにとって大きな生きがいになっていたのです。そこで私たちは、主治医や担当ケアマネ、看護師、セラピストなどと情報共有して、なんとかしてもう一度Eさんが野菜作りをできるように動き出しました。そして目標を「畑に出て野菜作りをすること」に変更して、そこに向けてリハビリをスタートしました。

野菜作りをするために、最初にしなければならないことは装具を外して歩けるようになることでした。装具をつけたままでは、急な坂道を上ることが難しかったからです。最初、Eさんは装具を外すことを怖がっていましたが、もう一度野菜作りがしたいという強い願いがあったため、恐る恐るですが装具を外す練習からスタートしました。

装具を外す練習から取り組んで、少しずつ装具なしで歩く距離を伸ばしていきました。装具なしで歩けるようになったら、今度は平坦《へいたん》な道だけではなく坂を上る練習にも取り組みました。最初は重度の麻痺があって装具なしで歩けなかったものが、着実に練習をしてEさんはどんどん歩けるようになっていきました。その忍耐強くひたむきな様子は、傍らから見ても目を見張るほどでした。

そうしてリハビリを重ねて数カ月が経過した頃のことです。ついにEさんは、自分の足で急な坂道を上って畑まで行けるようになったのです。畑まで行けたかと思うと、また以前のようにナスやインゲン、大根などさまざまな野菜を作って収穫することができるようになりました。それからというものEさんは毎日のように畑に行っては一生懸命野菜を育てて、収穫した大きな野菜を誇らしげに持ってきてくれました。

Eさんのさらにすごいところは、ここで終わりではなかったことです。畑に出て以前のように野菜を作れるようになったことで、本来ならば目標達成となるはずでした。しかし、Eさんはまだまだやりたいことがありました。それは、以前のように自分が作った野菜をマルシェで売って、多くの人に食べてもらいたいという希望でした。

Eさんの希望を聞いた私たちは、それは素晴らしい希望だと感じました。希望や願いを持つことは、さらなるリハビリにつながって生きる力にもなるからです。そこで、再び近所のマルシェに野菜を持って行って販売することを応援したのです。

歩けるようにはなったものの車の運転は危険だったので、野菜をマルシェまで運ぶための運転はEさんの夫に頼むことにしました。また、マルシェのオーナーがたまたま私たちの知り合いだったので、何かあったときはEさんをフォローしてもらうようにと話もしました。

こうしてEさんは、再びマルシェで自慢の野菜を売れるようになったのです。ところがEさんのミラクルは、まだ終わりではありませんでした。最初の頃こそ夫に車を運転してもらってマルシェへ出かけて行ったEさんですが、次第に運転も自分でやりたいと思うようになりました。

とはいえ、運転については周囲から危ないと思われていて、再び運転をするための検査を受けても不合格でした。しかし、ここで諦めるEさんではありません。自宅の敷地内で運転の練習などをして努力して再検査を受けたところ、見事検査にパスしたのです。その頃には、マルシェで販売を再開した頃よりもさらに体の動きも良くなっていたので、今度は周囲も危険だと反対はしませんでした。

今ではEさんは、毎日畑に出ては野菜を育てて、自分で車を運転して収穫した野菜をマルシェに持って行き、売ったお金で以前のように孫に小遣いをあげたり家族で食事をしたり、人生を楽しんでいます。そして、なんと驚くべきことに介護保険のサービスを卒業してしまったのです。今では要介護認定も受けずに、訪問看護や訪問介護、通所介護なども何も利用していません。反対に、自立している人向けに私たちが開催している地域の健康教室に参加して元気な顔を見せてくれています。つい先日、Eさんのところに訪問に行くと、「こんな格好でごめんなさい」と土がいっぱいついた作業着で現れました。「畑に行っていたの……」と元気な顔を見せてもらいました。

Eさんのケースから、私たちは多くのことを学びました。リハビリでは歩くことや排泄することなどさまざまな目標を立てますが、私たちは決して「歩くこと」自体を目標にするのではありません。そうではなく、何かその先にしたいことがあるからこそ「歩きたい」と願うのです。

人によっては、大好きだった風景をもう一度見るために歩きたいと思うかもしれませんし、大切な家族と出かけるために歩きたいと思うかもしれません。思いは100人いれば100通りありますが、「歩きたい」「座りたい」「車椅子で移動したい」という思いの裏側には、もっと根源的な願いがあるのだと思います。そして患者や利用者の「○○したい」という気持ちに寄り添うことで、その人の生きがいを生み出すことにもつながるのです。

私たちは表面的な目標だけではなく、その人が持つ本当の願いまで引き出してサポートしたいと願っています。そのためには、時には無謀と思えることにチャレンジすることだってあるかもしれません。しかし、チャレンジに対しての成功、失敗という判断ではなく、そのチャレンジに一緒に取り組める自分たちであるか、その気持ちを受け止めることができるかどうかが大事だと思うのです。どれほど難しいことであっても、それが患者や利用者の人生を支えることにつながるならば、私たちが難しいと思っていることでも、利用者の力のほうがはるかに上回り驚かされます。一人ひとりの限界の能力は私たちが決めるものではありません。どこまでが可能でどこからが無理なのかは、実は誰も分からないのではと考えています。

［第4章］

職域を超えた取り組みに挑戦する——過疎地域にこそ求められる多職種連携

医療資源が少ない地域こそ多職種連携が必要

日本中で医療従事者や介護職などの人材が不足する中で、多職種連携は大きなキーワードになります。看護師だけやケアマネジャーだけ、理学療法士だけなどではなくさまざまな職種が連携することで、それが相乗効果を生み出してより多くの人を助けることになるからです。

私たちが実践している多職種連携による効果の一例に、リハビリなど身体機能の維持・改善効果があります。リハビリといえば理学療法士や作業療法士などのセラピストが行うというイメージが強いと思いますし、実際に中心となるのはセラピストです。しかし、セラピストがいれば十分かといえば、決してそうではありません。

身体面の動きや日常生活を送るための動作はセラピストがプロですが、相手は病気や障がいのある人がほとんどですから、体調面でリハビリをしても問題ないかを看護師の視点でチェックすることも必要だからです。リハビリがいる人は、パーキンソン病などの神経難病の患者が多くいます。そのような患者は病状の進行に合わせて薬の微調整も行うことが多くあります。薬の調整や病状の進行度合いに合わせてリハビリを行うには、やはり主治医と看護師、リハビリ専門職などがきめ細かく連携することが重要なのです。

さらにはケアマネジャーの視点も重要です。これもリハビリを例に取ると、介護用ベッドを変えたり歩行器を導入したりなど、介護用品を工夫することで利用者の生活動作が大きく改善することがあります。介護ベッドや歩行器のレンタル、選定などはケアマネジャーの役割ですから、両者が連携することで単にリハビリで動作をトレーニングするだけよりもはるかに効果的に利用者の生活を支えることができます。

あるいはケアプランを作成する際の連携も重要です。病気や障がいのある人は状態が変わることがあり、状態が変われば必要な訪問看護やリハビリの回数なども変えたほうが良い場合もあります。そうした際にケアマネジャーとセラピストなどが密に連携を取っていれば、リハビリの回数や頻度、内容をタイムリーにケアプランへ反映させられるのです。

また、ケアプランは要介護度などに応じて月に利用できる点数の上限が決まっています。そのためケアマネジャーは月額点数の範囲内で上手に訪問看護や訪問介護、通所介護の利用などを組み合わせていかなければなりません。看護師の目から見て利用者の体調が悪化していると感じられたときやリハビリ専門職の目から見てリハビリを増やしたほうがいいと判断したときは、ケアマネジャーに訪問回数や時間を増やすことが必要であると伝えます。

その際、ケアマネジャーと他の専門職がしっかり連携して課題を共有していないと「もう点数が足りないから訪問は増やせません。大きな費用がかかります」と言って終了してしまうかもしれません。反対にしっかり連携が取れていれば、どこかのサービスを少し削って必要なサービスに振り分けるなど、その時々の状態に即した柔軟な対応を取ることができます。

リハビリ専門職による訪問は必要不可欠

このように、医療や介護資源が豊富でない地域こそ、多職種が緊密に連携を取って患者・利用者を支えることが求められるのです。実際に私たちは町から委託されて住民の健康増進のための事業を多く担っていますが、行政からの委託を受けるにあたって看護師だけではなくリハビリ専門職がいる事業所というのが条件になっていることがあります。それはまさに、多職種連携による相乗効果を期待されてのことなのです。

なお、制度面の話をすれば、厳密には私たちのような株式会社は理学療法士が訪問していても「訪問リハビリ」という言葉を使うことはできません。あくまで訪問看護の一環として、看護師だけではなく理学療法士や作業療法士、言語聴覚士による訪問も行うことができるという制度の立て付けになっているからです。そのため、制度としてはセラピストによるリハビリを行っていても、定期的に看護師の視点で評価することも求められているのです。

このような制度になっている理由はさまざまありますが、一つには訪問看護ステーションといっても看護師は最低限の配置で、リハビリ専門職ばかりで運営されている事業所がゼロではないということがあります。訪問看護ステーションを立ち上げるには管理者として看護師をおき、かつ常勤換算で2・5人の看護師を配置することが必要です。法律上は看護師が2・5人いれば良いわけですが、実際にはもちろん利用者のニーズに対応できるだけの人数をそろえることが重要です。

しかし、全国的にみれば看護師の数を十分にそろえることができずに、看護師よりはそろえやすい専門職としてリハビリ専門職ばかりで固めている事業所もあるようです。そのような体制だと、利用者のケアを通して在宅療養をサポートするという、本来の訪問看護の役割を果たしていないと行政は考えているようです。そのため、今は特にリハビリ専門職ばかりで運営されている事業所に対する規制が厳しくなっているような印象を受けています。

実際に2024年度の介護報酬改定では、リハビリ専門職による訪問サービスの提供について、介護報酬を減算する改定が行われました。理学療法士や作業療法士、言語聴覚士による訪問回数が看護職員による訪問回数を超えている場合について、事業所が受け取れる介護報酬が減らされることになったのです。

本来の訪問看護の役割を果たしていない事業所に対しては、ある程度厳しい規制がかけられるのは仕方ないかもしれません。ただ、私たちは看護師もリハビリ専門職もどちらもいて初めて在宅医療が成立すると考えているので、リハビリ専門職による訪問を過度に規制するのは実態に即していないとも感じています。

理学療法士と作業療法士、言語聴覚士それぞれが専門性を発揮

リハビリ専門職の中には理学療法士や作業療法士、言語聴覚士の3つの種類があり、私たちの事業所ではすべての職種が活躍しています。3つの専門職はそれぞれに得意とするリハビリが異なるため、やはり各職種がそろっていることが重要です。

例えば理学療法士は運動をメインとしていて、患者や利用者の身体機能を向上させることを第一の目的として行います。一方で作業療法士が得意とするのは、日常生活の中の動作です。そして言語聴覚士は食べることや飲み込むこと、話すことなど口に関するリハビリを専門としています。

具体的に「食べる」という動作を例に説明します。食べるということは病気を治すためにも要介護度を上げないためにも、何より生きるためにとても重要なことです。どれほど医師が良い薬を処方しても私たち看護師が一生懸命ケアをしても、食べることができなくて痩せて体力がなくなってしまえば病気やケガを治すことは困難です。

では、食べるためにはどのような動作や能力が必要かというと、噛《か》む力や咀嚼《そしゃく》して小さ

くする力、飲み込む力などさまざまな動作を経て食べるという行為をしています。言語聴覚士はその人の食べる力を評価して、どのような食事の形態や食べさせ方であれば安全に食べることができるかを判断します。どのくらいの柔らかさならば噛めるのか、どのくらいのサイズならば口に入れられるのか、水分を摂取するにしてもとろみをつけるのかつけないほうが飲みやすいのかなど、一人ひとり細かく評価していくのです。

言語聴覚士が食事の形態などを評価するとしたら、実際に食べるときの姿勢保持をサポートするのが理学療法士です。食べるためには、ベッドの上で上半身を起こしたらその状態を一定の時間維持することが必要です。そのためには最低限の筋力がなければなりません。そのような筋力アップや姿勢の保持などは、理学療法士の担当です。

姿勢や飲み込む機能などに加えて、食べるときに介助されずに自分で食べたいと思ったら、箸やスプーンが使えるようにならなければなりません。その人の状態によって箸が良いのかスプーンならば食べられるのかはさまざまですが、いずれにしても箸などを握って手首のスナップをきかせて、それを口に持って行く動作ができなければならないのです。その動作をトレーニングするのが作業療法士というわけです。私たちは普段意識せずに食べるという行為をしていますが、病気やケガによって一度その能力を失ってしまうと再び取り戻すためには多くのリハビリが必要になります。そしてそのリハビリを支えるには、3つの専門職すべてで連携することが何よりも重要なのです。

さらに看護師の役割としては、しっかり食べられるようになることで体重がどれくらい増えたか、血液検査の結果から低栄養状態が改善されているか、貧血が改善しているかなど総合的に健康状態を看ることが求められます。食べることはとても大切だといいましたが、だからといってがむしゃらに食べ続けることが良いかといえばそうではありません。

なぜかというと、食べるということはエネルギーを生み出すことですが、同時にエネルギーを消費することでもあるからです。元気な人にとってはなんでもないことであっても、病気や障がいのある人にとっては体をベッドの上に起こしてその状態を維持して食べ続けるというのは、非常に大きなエネルギーを必要とします。ですから無理して長い時間食べ続けたら、そのせいでかえって疲れ切ってしまうこともあるのです。

この場合は、無理に自分で食べることにこだわる必要はありません。例えば自分で箸を持って15分や30分食べることができたらもうそれで十分で、残りは介助してもらって食べたって良いのです。あるいは、無理に口から食べようとしてせき込んだり誤嚥《ごえん》のリスクが生じたりするくらいならば、無理にすべての栄養を口から摂取しなくても良いという判断も必要です。口から食べられなかった分は、点滴などで栄養や水分を摂《と》るという選択も可能です。

言語聴覚士によれば、長い時間をかけて食べれば食べるほど、嚥下の力が落ちてくるということです。飲み込むためには口の周りや喉の周辺の筋肉を使うことが必要ですが、何度も繰り返す中で飲み込みの力は弱くなっていきます。また、食事の時間が長引けばそれだけ姿勢も崩れてきます。飲み込む力が弱くなって姿勢が崩れれば、誤嚥のリスクも高まってしまいます。

中には家族が口から食べることにこだわって、1時間も2時間もかけて本人に自分で食べさせようとするケースもあります。しかし、それは必ずしもその人のためにはならないのです。無理に食べてもその分疲れ切って他の時間に寝たきりになっては仕方ありませんし、何よりも食べること自体が苦痛に感じるようになるかもしれません。ですからそのようにならないように、看護師が客観的に利用者・患者のアセスメントをして、トータルで本人のためになる方法を検討して提案することが求められているのです。

一口にリハビリといっても病院で行われるリハビリと在宅で行われるリハビリでは内容や目的が異なります。病院では主に骨折後や脳梗塞など急性期の病気から回復した人に対して、失われた身体機能を取り戻すためのリハビリが行われます。骨折後の患者は、当初はまったく歩けなかったり立てなかったりします。そのため急性期の病院における入院中のリハビリは、まず座るところから始めます。座る練習をして、次に立ち上がる練習をして、そして歩く練習をするというのが一般的な流れです。

多職種の力をかけ算で何倍にも引き出す

これに対して在宅で行われるリハビリは、日常生活を行うために必要なリハビリが中心になります。その人が座れるならば座ってどのような動作をするのか、少しなら歩けるならば歩いて次の目標は何にするかを在宅では考えます。例えば食事をしたり着替えたりトイレに行ったりなど、日常生活を送るためのリハビリを主に行っていくのです。

在宅におけるリハビリの目標は千差万別です。ある人は、ベッドの上で上半身だけでも起き上がってご飯を食べることを目標にするかもしれません。ベッドの上で上半身を起こすことができる人は、ベッドから起きて居間で家族と食事ができるようになりたいと思うこともあります。あるいは人によってはまずは起き上がって車椅子に座ること、家の中で歩けるようになることなどさまざまです。

基本的な動作ができるようになった人に対しては、さらに上の目標を目指してリハビリすることもあります。例えば行きたい場所がある人、買い物がしたい人、もう一度家族と旅行がしたい人など、それぞれの目標に向けてリハビリを行っています。

ベッド上で起き上がったり車椅子に座ったりなどは、健康な人からすれば何げない動作に感じるかもしれません。しかし、一見すると小さな動作であってもそれができるかできないかで、その人のＱＯＬや家族の介護負担が大きく変わることはよくあります。

例えば車椅子に座れるかどうかで、一般的な車で移動できるかどうかが変わってきます。車椅子に座ることができない場合は移動のときにストレッチャーなどが必要になるため、介護タクシーなどを使わなければまず移動できません。また、車椅子に乗ることができれば自宅に戻ってからも外に出ることができます。しかし、車椅子に乗ることができなければよほどのことがない限り、自宅から外へ出ることは難しくなります。

座る姿勢を維持できるかどうかも、その人の生活を大きく左右します。座った姿勢を維持できなければ、基本はベッド上で寝たまま過ごすことになります。座る姿勢を維持できるのか、寝たままの姿勢しかできないのかでできることには雲泥の差があります。

座ることができなければ、入浴も寝たままの姿勢でしなければならないため訪問入浴サービスが必要になります。あるいは座ることができるとしても、ベッドから車椅子への移動にどの程度のサポートが必要かによってもサービスは変わってきます。自宅にいる妻1人のサポートで車椅子への移動ができるならば、それほど多くの訪問サービスは要らないかもしれません。反対に、2人がかりでなければ車椅子に座ることができないとしたら、訪問介護や訪問看護が入っている時間帯に車椅子へ移動させて、その間に座って食事をすませるなどサービスを組み立てる必要があります。

自宅は病院とは違って生活の場ですから、バリアフリーではないなど必ずしも療養に適した環境ではありません。段差があって車椅子で移動できない場合、リフォームによってスロープを設置するのか車椅子を複数人で抱えて移動するのか、あるいは1、2段程度の段差ならば本人に歩いてもらうのかなど、本当に細かくケアやサービスを考えていくことが求められるのです。

このように在宅で一人の利用者を支えるためには、非常に細かいところまで気を配ってケアプランを立てる必要があります。そして、そのためには体調や病気の側面から評価する看護師の視点、動作や身体機能の側面から評価するリハビリ専門職の視点、それらを総合的に取りまとめるケアマネジャーの視点など多職種での関わりが非常に有効なのです。

多職種で患者や利用者をサポートすることは、看護師だけや理学療法士だけ、ケアマネジャーだけサポートするよりもはるかに大きな力になると感じています。なぜかというと、多職種連携によってそれぞれの職種の力がかけ算のようになって何倍にもなるからです。だからこそ、私は医療資源の乏しい地域こそ多職種で患者・利用者を支える姿勢が何よりも重要になるのだと感じています。

算定率わずか3%の「特定事業所医療介護連携加算」に認定

私たちの会社で多職種連携がうまくいっていることを示す根拠の一つに、介護保険上の点数である「特定事業所医療介護連携加算」があります。特定事業所医療介護連携加算とは、医療・介護連携に総合的に取り組んでいる居宅介護支援事業所を評価するための加算です。

この加算は、国が定めたさまざまな要件を満たすことによって初めて算定が可能になります。要件は細かく決められています。例えば、患者が在宅へ移行するための退院時の病院などとの連携を1年間に35回以上実施していたり、終末期で通常よりも頻回な訪問が必要な患者に対するターミナル加算を1年間で15回以上算定していたり、専門性の高い人材を配置してサービスの質向上に取り組むための特定事業所加算を算定していたりなどが求められています。

この要件を満たす事業所は非常に少なくて、厚生労働省によれば全国でもわずか3％程度です（厚生労働省「居宅介護支援の算定状況」）。

算定要件の中でも、特に終末期の看取りの加算を取得することは簡単ではないため、算定率がこれほど低くなっているのだと推測されます。私たちは地域の病院や診療所、介護施設と連携しながら、在宅での看取りを希望する利用者に対しては、最後まで寄り添ってサポートすることを心がけています。また、ケアマネジャーは介護の専門家である反面、医療の知識が弱いことがありますが、同じ会社内に看護師やリハビリ専門職などの医療職がいるため、分からないことはすぐに聞けるなど連携しやすい環境が整っているのだと思います。

また、私たちの事業所には、それぞれ高い専門性を持つスタッフがそろっていることが大きな強みになっています。例えば看護師は10人以上いますが、基本的に皆正職員として働いています。それまで病院で経験を積んできて、私たちのところで初めて訪問看護を経験したという看護師がほとんどですが、皆やりがいをもって在宅の患者を支えています。

訪問看護の現場では看護師の存在が不可欠であり、その役割は極めて重要です。訪問看護の需要増加に伴い看護師の需要も高まっていますが、現場は慢性的な看護師不足に陥っており、やむを得ず廃業する事業所も増えています。こうした背景から、新卒採用だけでなく潜在看護師の掘り起こしや60歳以上のプラチナナースの雇用なども見直されています。私たちは今後も、訪問看護の重要性や看護の仕事のやりがいも伝えていきたいと考えています。

リハビリ専門職は理学療法士が最も多いものの、作業療法士も言語聴覚士も3つの専門職がそろっています。子育て中だったり妊娠・出産で一時的に離れたりする人もいますが、10人近いリハビリ専門職がそろっているため利用者のニーズに応じて充実したリハビリが提供できるようになっています。

ケアマネジャーも今は全国的に人手不足が深刻になっていますが、私たちのところには6人のケアマネジャーがそろっていて、そのうち5人は上位資格である主任ケアマネジャーを取得しています。

もっと人口が多い都会ならばそれほど珍しくないかもしれませんが、人口減少が進む過疎地でこれほど多くの看護師やその他国家資格の有資格者をそろえた事業所は多くはないと自負しています。私たちは会社の設立当初から、スタッフ一人ひとりがやりたいことを応援したいと考えていました。そのため、それぞれのスタッフが新たな資格を取ることを積極的に応援しています。実際に、私たちの会社で働いている間に資格を取得するスタッフが何人もいます。

看護師やリハビリ専門職などの医療職には、元々の国家資格に加えて学会などが認定する資格がいくつもあります。例えば私たちの会社で働く理学療法士は、仕事で忙しい中でも研鑽《けんさん》を積んで介護予防認定理学療法士や脳卒中認定理学療法士など、それぞれの専門性に応じた認定などを取得しています。このように一人ひとりが専門性を高めることで培ったスキルを地域に還元できるため、今後も大いにスタッフの研鑽を応援していきたいと考えています。

また、国としても在宅医療を支える看護師を養成しようとしています。私は2024年9月に全国訪問看護協会で管理者養成研修を受け、国の在宅医療、訪問看護に対する期待について学びました。2015年10月より「特定行為に係る看護師の研修制度」が施行され、特定行為研修を修了した看護師が特定医療行為を行うことができるようになりました。この制度の推進により訪問看護師も、在宅療養に不可欠な医療行為を診療の補助として患者に提供できるようになります。訪問看護の業務が拡大され、医療と地域での暮らしの架け橋になったのです。特定医療行為が行える看護師がまだうちの事業所にはいませんが、管理者養成研修は地域の中で私たちの訪問看護の立ち位置はどこにあるのかを考え、地域から国に視点を向ける機会にもなりました。

さらに紹介が紹介を呼ぶ形でスタッフが増えていることも、私たちにとっては非常にあり難いと感じています。口コミで増えているため、まったく知らない人を面接するということは今のところほとんどありません。ある程度のマンパワーがそろってくると、それぞれのスタッフが余裕を持って働けるのでさらに働きやすくなる好循環が生まれます。新しい人が入ってきても独り立ちできるまで一緒に同行したりなど、教育にも時間をかけることができます。それによって余裕を持って人材を育てて、育った人が次の人を育ててくれるという恵まれたサイクルになるのです。

神戸大学と丹波市の認知症予防研究事業へ参画

リハビリといえば、失われた身体機能を取り戻すためのトレーニングというイメージが強いと思います。そして、理学療法士や作業療法士、言語聴覚士はそのための専門職だとされています。しかし、今はこれまで考えられていたようなリハビリ専門職の役割だけではなく、介護予防の分野でもリハビリ専門職が活躍するように職域の拡大が進んでいます。

介護予防は私たちが特に力を入れている分野です。特に、山中はまだ全国的に早い時期に介護予防の認定を取得し、地域における介護予防の取り組みをリードしてきました。私たちが介護予防に深く関わることになった、大きなターニングポイントがあります。それは、経済産業省や国立研究開発法人日本医療研究開発機構（ＡＭＥＤ）の支援を受けて神戸大学と丹波市が行った「認知症予防・健康寿命延伸を目的とした多因子介入プログラム」への協力です。この研究は国立長寿医療研究センターが中心となって、兵庫、東京、神奈川、愛知の４カ所で各地の研究機関などが協力して実施する、非常に大がかりなものです。

これは、生活習慣病の管理と運動、栄養、認知機能訓練といった複数の因子による介入プログラムを行うことによって、高齢者の認知機能低下を抑制できるかどうかを検証するための非常に規模の大きな研究です。認知症を予防するために効果的なことは、これまでもさまざまにいわれてきています。糖尿病や高血圧などの生活習慣病を管理したり、運動や食事などの生活習慣を見直したり、認知トレーニングをしたりすることで認知症を予防できるとされています。また、これらの取り組みを個別で行うのではなく、組み合わせて多因子で取り組むことによってより大きな効果が得られるのではないかと期待されているのです。

しかし、実際に複数の取り組みを組み合わせて行うことによってより大きな効果が得られるかどうかという研究は、日本では行われてきませんでした。また、特に認知症の前段階である軽度認知障害（ＭＣＩ）の人は、予防の必要性が高いため、特に積極的に介入していくことが必要です。この共同研究は、高齢者に生活習慣病の管理や運動、栄養、認知トレーニングに関する指導を受けてもらって、生活習慣を改善することによって認知機能の低下を抑制できるかどうかを明らかにすることを目的に行われたものです。研究結果を認知症予防の指針や手法の確立につなげることが狙いです。

私たちは、縁があってこの研究の運動面からの介入プログラムに協力しました。研究では運動プログラム以外にも食事のプログラムなどいくつかのプログラムがあり、その中で頭と体の健康教室という運動教室のインストラクターとして参加したものです。私たちの会社からは山中を含めた数人がトータルで約3年間、研究に参加しました。

山中は教室で実施する運動プログラムの作成から関わりました。ここで依頼されたのは、筋力トレーニングなどを含む単なる体を使った運動だけではなく、頭と体の両方を使う「二重課題」をこなすプログラムです。

例えば、通常の単なる筋力トレーニングであれば、下半身を鍛えたいと思ったら足の曲げ伸ばしやスクワット、足踏み運動など下半身を使った運動のみを行うと思います。しかし、プログラムで実施したのは二重課題として、必ず2つ以上の動作を組み合わせたトレーニングです。

一例を挙げると、まず右足と左足を交互に前に出しては元の位置に戻す動作を繰り返します。高齢者で立ったままの運動が難しい場合は、椅子に座って行うのでも問題ありません。足の動作だけでも下肢のトレーニングになりますが、これに手の運動も加えます。手は前、横、上、前の順番にリズム良く伸ばして戻す動作を繰り返します。プログラムでは足の運動と手の運動を同時に行います。実際にやってみれば分かると思いますが、元気な人でもちょっと動きがずれると足と手の動きが怪しくなってしまうことがあります。手足を別々に動かすということはそれだけ脳を使うことになるため、脳の活性化につながるのです。

これに、手指の運動を加えたり数を数えたりなど、さらに複雑な動きを加えることもできます。椅子に座った状態で手足を前に伸ばして、手をグーパーで握ったり広げたりを繰り返します。同時に足も軽く床から浮かせた状態で指を曲げ伸ばしして、足でもグーパーを繰り返します。これは、靴を脱いで行うと分かりやすいと思います。

グーパーの動きに慣れてきたら、間にチョキも入れてみます。そして手をグーチョキパーと動かすのに合わせて、足の指もグーチョキパーと広げたり伸ばしたりします。さらに慣れてきたら、左右別々の動きにチャレンジもできます。例えば、右手がグーのとき左手はチョキ、右手がチョキのときは左手がグーなどです。左右で違う動きをすると、脳がさらに活性化します。このように同時に複数の運動を取り入れたプログラムは、足を鍛えて転倒予防などにつながることに加えて脳の活性化による認知機能の低下予防も期待できるのです。

仲間のやりたいことを全力で応援する

この共同研究に参加したことは、私たちにとって大きな成長につながりました。それまで漠然と介護予防をしたいと考えていたことを体系立てて見直す機会になったからです。また、共同研究への参加を通して介護予防に本格的に取り組んだことは、のちに多くの自治体の委託事業による健康教室の開催などへとつながっていきました。

山中がこの研究に参加することになったきっかけは、神戸大学の理学療法士からの1通のメールでした。とある勉強会で一緒だった縁で、私は神戸大学の理学療法士と連絡先を交換していました。そしてあるとき彼から、共同研究に協力してくれる理学療法士を募集しているという一斉メールを受け取ったのです。

私は元々、山中が非常に介護予防に興味を持っていて、その認定資格も取得していることを知っていたのでこの研究に最適だと感じました。その一方で、迷いもありました。なぜならこの研究がスタートしたのは、私たちが会社を立ち上げて間もない時期だったからです。

当時私たちは会社を立ち上げたばかりで、これから本格稼働しようという時期でした。しかも、それまで地域に訪問看護ステーションはありましたが、リハビリ専門職による在宅でのリハビリはあまり行われていませんでした。そのため地域の人たちからは、私たちの会社ができたことで「在宅で理学療法士のリハビリを受けられるようになる」と大いに期待をされているタイミングでもあったのです。

　実際に私たちの会社ができて、理学療法士などが在宅でリハビリを実施するようになるとやはり利用者も家族も効果を実感できるようになります。リハビリが入ることで、より姿勢が良くなったり歩くスピードが速くなったり、長い距離を歩けるようになったり、体が柔らかくなったりなど身をもって効果を感じられるのです。特にそれまであまりリハビリを受けるチャンスがなかった利用者など、喜んでそのことを周囲に伝えます。すると、口コミでどんどんリハビリを受けたいという人が増えていくのです。

　また、私たちはリハビリをして利用者の状態が良くなったら、必ずそれを利用者と家族だけではなくケアマネジャーにどこがどのように改善したかを伝えるように心がけています。それをしなければ、どれほど利用者の状態が改善したとしても単に「改善して良かったですね」というだけで終わってしまうからです。そうではなくどこがどのように改善したか、あるいはどこがどのように悪かったのかを伝えることで、ケアマネジャーはリハビリ専門職がどのようなアプローチをしたのかを理解できます。こうした取り組みを継続することで、次第にケアマネジャーにも在宅におけるリハビリの必要性を理解してもらい、信頼関係を築いていったのです。

実際に会社を作って1年目は、リハビリ専門職がまだ少なかったこともあり、あちこちから引っ張りだこでした。そんなタイミングでの共同研究の話は、非常に悩ましい話でした。一度研究に参加するとなれば、週に1回丸一日その仕事にかかりきりにならなければなりません。それが3年間続くのです。

社内で話し合いをして、一度は断りを入れました。ところが当時介護予防の認定を持つ理学療法士が県内で少なかったこともあり、なかなかほかに適任者は見つからないということでした。そこで再度社内で話し合いをして、最終的に研究に参加する決心をしたのです。その分、受けられるリハビリの依頼数は減ってしまうので、できたばかりの会社のことを考えれば断腸の思いでした。

しかし、今となっては本当にこのときに参加を決断して良かったと思っています。これによって私たち自身の経験も深まり視野も広くなり、その後の事業拡大への大切なステップとなったからです。また、私たちは利用者や患者のやりたいことをサポートする会社であると同時に、働く仲間一人ひとりがやりたいことを実現できる会社でありたいとも願っています。その意味でも介護予防に取り組みたいという山中をはじめとするリハビリ専門職の思いを実現できたことは、私たちにとって大きな喜びでした。

この共同研究に参加して私たちが得たものの一つに、介護予防に関する取り組みの変化があります。これまで私たちは、介護予防といっても運動面の取り組みを中心に考えていました。フレイル予防や転倒予防、自分の足で歩き続けるための下肢のトレーニングや腹筋運動など、運動面からのアプローチを主軸に考えていたのです。フレイルとは病気ではないけれど、年齢とともに筋力や身体の活力が低下して要介護になりやすい、健康な人と要介護の人の間にある虚弱な状態のことです。

もちろんそれまでも、脳の活性化についてまったく無関心だったわけではありません。例えば国立長寿医療センターが開発した認知症予防プログラムで、コグニサイズというプログラムがあります。コグニサイズというのは、英語のcognition（認知）とexercise（運動）を組み合わせた造語です。

これは例えば散歩をしながら簡単な計算をしたり、しりとりをしたりなど頭を使いながら運動をするプログラムです。特に認知症の前段階であるＭＣＩの人がコグニサイズを実施すると、認知機能の低下を抑制する効果が期待できることから、国立長寿医療研究センターが普及を進めているプログラムです。私たちもこのコグニサイズの研修会に参加するなど、以前から認知機能にアプローチすることの必要性は理解していました。しかし、それを日常的なサービスや地域活動に落とし込むところまではできていなかったのです。

しかし共同研究に参加することによって、普段の介護予防に脳の活性化につながるトレーニングを加えるという新しい視点を得ることができました。今では私たちの地域活動には、しっかり脳の活性化メニューも取り入れています。一例として脳トレの視点を取り入れたさまざまな運動プログラムをその後も考案し続けて、考案したプログラムは地域の健康教室で実施するほか動画サイトにアップすることで多くの人に見てもらえるようにしています。

もう一つ、私たちが介護予防で大切にしていることに「笑い」もあります。これも共同研究を通しての気づきといえるかもしれませんが、私たちが実施しているさまざまな健康教室の参加者からは「運動も気持ちが良かったけれど、リハビリの先生同士の掛け合いがまるで漫才のようで面白かった。それを見ているだけで元気になれる」と言ってもらうことがよくあります。

健康教室などのプログラムは山中をはじめとする複数のリハビリ専門職が実施していますが、彼らのプログラムを見ていると非常に明るく愉快で笑いを誘うようなやり取りが多くあり、私自身が見ていても思わず笑みがこぼれます。これは彼らが意図してやっていることもあれば、元々のキャラクターという部分もあると思いますが、いずれにしても参加者からは「面白い」「笑える」ということが非常に喜ばれています。

リハビリにしても通常の運動にしても、楽しみながらでなければ続けることができません。このことに気づいてからは、どの運動教室に行くときでも脳を活性化するプログラムを取り入れると同時に参加者が楽しめることを意識して活動を展開しています。

多職種の情報連携で利用者の信頼を得る

多職種で関わるからこそ患者・利用者からの信頼を得て、在宅療養の助けになることができたと感じるケースは多くあります。そうした中でも印象に残っている人は何人もいますが、Fさんもその一人です。元々教職についていて非常に聡明《そうめい》だったFさんは、定年後に神経難病を発症して療養が必要になりました。同居する妻も足が悪く、まさに老老介護の状態でした。

進行性の病気だったので、放っておけばどんどん症状は進み、体が不自由になっていってしまいます。また、病気が影響して引きこもりがちになり、精神的にも参っている様子が見受けられました。そのため主治医から訪問看護の利用、特にリハビリのサービスを利用するように勧められたのです。

ところがFさんは、訪問看護やリハビリサービスの利用をかたくなに受け入れようとしませんでした。おそらく自分が病気で弱っていくことをなかなか受け入れられなかったのだと思います。また、長年人を指導する立場だったので、人から指示を受けてリハビリするというのも受け入れ難かったのかもしれません。そのため、すぐに訪問サービスをスタートすることはできませんでした。

しかし、いくら本人がサービスは要らないと言っても、進行性の病気ですから放置しても良くなることはなく、どんどん運動機能は失われてしまいます。そこで私たちは気持ちが変わったらいつでも訪問できるように、まずはFさんの在宅療養に関わっている関係職種と情報共有するところから始めました。

Fさんにはすでにケアマネジャーがついていて、医師による訪問診療や薬剤師による訪問薬剤管理指導などを受けていました。また近隣に長女が住んでいて、Fさん夫婦を心配してしばしば立ち寄っては世話をしていました。ですから私たちは、長女や在宅医療でFさんに関わっているさまざまな職種から情報収集をしていったのです。

Fさんは訪問看護によるリハビリは自分には不要だと言って、かたくなに受け入れようとしませんでした。しかしよく聞いていくと訪問によるリハビリは拒絶したものの、本を読んだりインターネットで調べたりして自分なりに運動をしているということが分かってきました。Fさんは非常に賢い人なので、リハビリの必要性を頭では理解しているようでした。ただ病気で弱った自分を受け入れるのに時間がかかっていただけのようでした。また、基本的に進行性の病気であり、治らないことに対する絶望感から投げやりになっている様子も感じられました。

そこで焦らずに、長女や訪問診療の主治医、ケアマネジャーなどからリハビリの必要性やリハビリのプロと取り組むことが効果的であることなどを、少しずつ伝えてもらうようにしました。すると時間をかけて伝えていくことで、次第にリハビリに対して前向きな気持ちになっていきました。そこでタイミングを見計らって「一度だけお試しでやってみましょう」と勧めると、今度は「はい」という返事を引き出すことができたのです。

リハビリに入るにあたっては、事前にFさんの性格をしっかり理解しておいて、何をすれば喜ぶか、反対に何をすれば嫌がりそうかを把握したうえで訪問しました。例えば体に触られることを好まないと聞いていたので、理学療法士による徒手的療法は極力行わないなどを配慮しました。また、あくまでお試しであっていつやめてもいいというふうに、ごく気楽な雰囲気を皆で作ることを意識しました。そうでないとまた気持ちが変わって、リハビリを拒絶してしまうかもしれなかったからです。

体に触れてほしくないというFさんの気持ちに配慮して、まずはセラピストが訪問して話を傾聴するところからスタートしました。すると、Fさんは少しずつ病気に対する不安や体が動かなくなっていくことに対する焦りなどを話してくれるようになりました。そして、自分なりに調べて運動もしているということだったので、その運動を見せてもらったときには大いに褒めて肯定することを心がけました。このようなことを繰り返していくうちにいつしか心がほぐれていって、セラピストが訪問すると笑顔を見せてくれるようになっていったのです。

少しずつ信頼関係ができてきたのを確認して、そこで初めてセラピストによるリハビリをスタートさせました。するとFさんは、最初あれほど拒否していたのがまるでうそのように素直にセラピストのアドバイスに従って、一生懸命リハビリに取り組むようになったのです。週に1回訪問してADLや歩行のリハビリを続けていった結果、1～2カ月が経つ頃にはそれまでよりもスムーズに歩けるようになりました。するとFさん本人もやる気が出てきたようでさらにリハビリに励み、少し前まで引きこもりがちだったのがうそのように、杖《つえ》を使って自分で外出するようになったのです。外に出るようになるとどんどん気持ちも前向きになっていき、半年も経つ頃には自分で歩いて図書館まで行って、再び大好きな読書を楽しめるようになりました。

最初は病気のせいで半ば投げやりになってセラピストとの関わりを拒否していたFさんが、最終的に心を開いて体の機能も回復させていった根底には、Fさんを中心として多職種の皆で支えたことがあると感じます。Fさんのところへ訪問するようになってからトラブルなくリハビリにつなげることができたのは、事前に主治医やケアマネジャーなど他の職種からFさんに関する情報を細かいところまで共有してもらっていたことが大きいからです。

もしかしたらセラピストが訪問しているのにもかかわらず、当初は傾聴をメインにしていたことに対して批判する人もいるかもしれません。しかし、私はFさんのケースでは、これがまさに成功した理由の一つだったと感じています。もしも最初から強引にリハビリをしようとしたら、そもそもリハビリに前向きではなかったFさんは心を閉ざしてしまったかもしれません。そうではなく、信頼関係の構築からスタートしたからこそ、最後に良い結果につながったと信じています。

このように看護師やリハビリ専門職、ケアマネジャーなどが一丸となり、患者や利用者一人ひとりに最適なサポートを提供することが、地域医療や介護の質を向上させる鍵となります。過疎地域における多職種連携は単なる協力関係を超え、それぞれの専門知識を融合させることで、地域全体の医療・介護サービスを向上させていくといえるのです。

［第5章］

コミュニティの中心となり地域を盛り上げる——小さな会社から始まる町づくり

健康増進を中心に自治体から多くの委託事業を受託

地域全体を健康にするために、これまで多くの自治体からの委託事業なども行ってきました。これまで行ってきた事業はさまざまな講演会の講師に加えて「健幸くらぶ」「フレイル予防事業」「健健パ」「生活コーディネーター養成講座講師」「認知症初期集中支援事業」「元気アップスクール」「運動喫茶　憩ＩＫＯ」など、実に多岐にわたります。小さな会社が取り組むには大きすぎる事業に感じられるかもしれませんが、最初からこれほど多くの活動を展開したわけではありません。訪問看護だけにとどまらず、医療や福祉を通して地域を元気にしたいという思いで活動していく中で、少しずつ活動の幅が広がってきたのです。

私たちが関わってきた事業の大半は、介護予防や疾病予防、認知症予防などの予防を中心とした健康に関わる事業です。これらの活動を通して地域に元気な高齢者が増えることによって、私たちは町づくりに貢献したいと願っています。

具体的な活動としては、例えば「健幸くらぶ」は上郡町からの委託事業であり、介護予防を目的として週に1回運動教室を開催してきました。参加希望者を送迎して教室まで連れてきて、バイタルチェックや運動機能評価をしたうえで実際に体操をして、月末には評価会議を実施。さらに月末事業報告書や年間事業報告書を作成し、年間でデータを集約・分析するという本格的なものです。

主な対象者は、要介護の手前の要支援くらいの高齢者です。私たちの地域では、介護認定で要支援になった高齢者はまずはこの「健幸くらぶ」に登録します。そこで週に1回合計15回プログラムに参加してもらい、活動の様子や身体機能を私たちが確認します。そこで、その人には通所介護などの介護保険サービスが必要なのか、あるいは通所介護よりも地域の運動教室の参加のほうがふさわしいのかなど、町役場と私たちで話し合います。大きな流れとして介護認定が出たからといってすぐに通所介護などに行くのではなく、一度「健幸くらぶ」を通すことでしっかりとその人の身体機能を評価するのです。

要支援の段階でこのような教室に参加してもらうことによって、その後の要介護への移行を予防するなど、健康増進や介護予防、医療・介護費抑制などさまざまな効果が期待できます。今はどこの自治体も社会保障財源が限られているため、限られた財源を有効に活用するために本当にサービスが必要な人をしっかりと見極める必要があります。また、住民からしてもこのような教室に参加することで身体機能が上がり、介護保険サービスを使わなくてすむならば自己負担も不要です。つまり自治体にとっても住民にとっても、双方にメリットがあるのです。

この活動を引き受けるにはバイタルチェックなどの体調管理や運動機能評価という専門家の視点が必要なので、看護師とリハビリ専門職の両方を配置できる事業者が望ましいということで私たちが委託することになりました。

「フレイル予防事業」も上郡町と一緒にやっている事業の一つです。日本老年医学会が2014年に提唱した概念で、今では広く医療や介護の現場で使われています。フレイルは、早めに気づいて食事や運動、社会参加などに取り組めば、要介護にならずに元の状態に戻ることもできるといわれています。

フレイル予防事業では私たち専門職が地域へ出かけて行って、フレイルとは何か、フレイルになるとどうなるのか、予防するにはどうすれば良いかなどのレクチャーとともに、実際に自分の体を知ってもらうための体力測定などを実施しています。町内の複数の地域で実施しますが、年に2回同じ地域でやるようにすることで、半年前との比較や振り返りなどができるように工夫しています。

これら以外にも町と一緒にやっている事業として、短期で行う予防事業である「訪問C事業」なども実施しています。サービスCとは、日常生活に支障がある高齢者を対象に、医療や介護の専門職が短期集中的に関わることで、社会参加を促したりその人らしく過ごしたりできるようにサポートする取り組みです。私たちが日常的に行っている訪問サービスと内容は近いものですが、短期集中的に訪問して運動機能や生活能力の向上をはかり、報告書なども作成しています。このような事業を通して要介護になったとしてもそれ以上重度にならないように、あるいは要支援の段階の人は要介護まで進まないようになど介護予防に取り組んでいます。

町と一緒にやる事業だけではなく、住民が主体となって実施しているさまざまな教室にも講師として呼ばれて参加しています。その一つが「健健パ」と呼ばれる活動です。これは地域住民が主体となって開催している健康教室で、地域の生活協同組合（生協）の建物の一角を借りて開催しています。

これは、元々は「健幸くらぶ」の卒業生が立ち上げた教室です。「健幸くらぶ」に通うことで健康になったり自立度が改善したりした人たちが、次に通う場所が欲しいということで立ち上げたものです。

「健幸くらぶ」は町の事業なので、どうしても参加できる回数や対象者などに一定の制限があります。そこで、誰もが自由に参加できる健康教室として「健健パ」が作られました。

これは非常に良い活動だと感じています。「健幸くらぶ」などなんらかの健康教室などに通っている間は毎週一定の運動量をキープできますが、そこを卒業した途端、急に活動量が低下してしまうことは珍しくありません。家で体操をするといってもなかなか続けることは難しく、それよりも皆で集まってやるほうが楽しみながら体を動かすことができます。その意味でも「健幸くらぶ」によって要介護になることを防げた人が、その次に行ける活動場所があることは非常に良いと思います。私たちは週に1回ほどここへ招かれて、さまざまな運動プログラムを提供しています。

地域の認知症高齢者をチームでサポート

「認知症初期集中支援事業」とは、医療保険サービス、介護保険サービスにつながっておらず、認知症と疑われる症状のため地域から孤立している人を対象に、専門医につなげて集中的に支援する事業です。認知症が疑われるものの診断・治療などを受けていない人に対して、医師や保健師、看護師、作業療法士、精神保健福祉士、社会福祉士、介護福祉士などの複数の専門家がチームで初期の支援を集中的に行う取り組みです。厚生労働省が大枠を定めて、市区町村が実施主体となっています。

高齢化によって認知症高齢者は増え続け、団塊ジュニアが高齢者になる2040年には約584万人に上るとも試算されています（九州大学「認知症及び軽度認知障害の有病率調査並びに将来推計に関する研究報告書」）。

通常、生活の中で困りごとが発生したら、病院を受診したり地域包括ケアセンターなどに相談して介護保険を申請したりなど、適切なサポートを求めるはずです。しかし、認知症の疑いがあっても病院を受診しなかったり、家族が勧めても医療や介護サービスを受けようとしなかったりして過ごしている人も少なくありません。そのような人に対して医療や介護など複数の専門職が訪問し、医療につなげたりケアの方針を立てたり、本人に病気のことを説明したり家族をサポートしたりなど、認知症初期の約半年間に集中してチームでサポートするための事業です。

私たちが関わるのは、認知症でも医療などにつながることができない、困難な状況にある方々です。例えば本人の様子がおかしいので認知症を疑って家族が受診を勧めても、本人は病気を認めようとせずに受診を拒否するケースなどです。認知症もほかの病気と同様に、異常に気づいたら早めに受診して薬物治療などを開始することが有効ですが、本人が治療を拒否しているとその間にどんどん病状が進行してしまいます。その結果、ますます本人自身も地域で孤立してしまいますし、家族の介護負担も大きくなってしまうのです。

そのように問題が大きくならないように、私たちは初期の段階からチームで介入を始めます。認知症が疑われる人の自宅を訪問するときは、小さな予兆も見逃さないようにしっかりと観察します。自宅を訪問したときに、食事はしっかり食べられているか、部屋は整理整頓されているか、衣服は洗濯できているかなどをさりげなくチェックします。

チェックするための工夫は何通りもあります。例えば相手がお茶を出してくれた場合、通常の訪問看護などのサービスで訪問する場合はお茶やお菓子は基本的には辞退します。しかし、認知症の確認のために訪問したときなどは、その人が問題なく台所へ行ってお茶を入れられるか、あるいはお菓子を出そうとして冷蔵庫を開けたら腐ったものや同じものが何個も入っていないかなどもそれとなく確認します。このように日常生活をどのように過ごしているかということは、本人のことを知るための極めて貴重な情報なのです。

こうして複数の専門職が早期にチームで関わることによって、早期診断・早期治療につなげることができます。それによって介護サービスの利用ができるようになったり本人が地域から孤立することを防いだり、家族の介護負担軽減に役立ったりなど、多くの効果が期待できます。

「元気アップスクール」は、上郡町の隣にある佐用町から委託された事業です。ちょうど私たちが神戸大学に協力していた認知症予防の共同研究が終わるタイミングで、佐用町からも認知症予防を目的とした運動教室を開きたいという依頼を受けて実施したものです。この事業では広く間口を広げて、65歳以上の町民であれば基本的に誰でも参加できるように認知症予防の運動教室を開催しています。

上郡町の「健健パ」にしても佐用町の「元気アップスクール」にしても、地域住民の介護予防や地域の活性化のためには非常に重要な活動です。なぜなら要介護になった人は通所介護など介護保険を使ってさまざまなサービスを受けることができますが、そうではないまだ介護保険を利用していない人が体を使って運動できる場所というのも必要だからです。要介護になった人には必要なサービスを提供して、まだ要介護に至っていない人にはできるだけ最後まで要介護にならないための体作りをサポートするという、２つを両輪とすることで地域の活性化を図ることができるのです。

住民が主体となって取り組むことに意味がある

また「健健パ」や「元気アップスクール」などの介護予防を目的とした活動は、あくまで地域住民が主体となって取り組むことが重要です。「元気アップスクール」もきっかけは佐用町からの依頼ですが、最終的には地域住民が主体となって運用できるところまで体制を整えたいと考えています。

なぜ住民が主体でなければならないかというと、一つには行政主導の受け身の参加ではなく自主的に活動に参加したほうが、参加者の意欲も高まり継続できるからです。また、行政の事業でやる場合はどうしても予算の縛りが出てしまい、事業を実施しても単年度で終了ということもあります。私たちのような民間の会社も教室の運営をサポートしますが、本来の訪問看護などの業務に加えて活動しているので、すべての地域の健康教室をサポートすることは困難です。

その点、住民たちが主体的に集まるならば活動に制限はありません。公民館や体育館などの場所さえあれば、自由に集まって活動ができます。また、行政が呼びかけるよりも住民同士が誘い合ったほうが多くの参加者を集めることが期待できます。行政によるアナウンスよりも口コミのほうが、はるかに適切な人に適切な情報が届きやすいからです。

活動を継続するにはなんらかのモチベーションが必要ですが、モチベーションを維持するにも住民主体のほうが有効です。参加者は最初の頃は体のために良かれと思って参加しますが、どうしてもそのうち飽きてしまうことがあります。そのようなときも住民主体であれば、活動のあとに皆でお茶を飲んでおしゃべりしたり買い物をしたりなど、運動プラスアルファの楽しみが生まれます。

住民が主体となって健康教室を開催することは、地域の活性化にもつながります。健康教室の開催によって住民同士が顔を合わせ、交流を深める機会が増えれば地域内の結束力が高まります。あるいは健康教室への参加がきっかけで地域のコミュニティに参加するようになれば、地域で孤立する人を減らすことができます。ほかにも、健康教室を通して健康に関する意識が高まれば地域全体の健康レベルが向上しますし、当然のことながらそれによって医療費や介護費の抑制にもつながります。

さらには住民が外に出ることで、運動教室のついでに買い物をするなど地域経済の活性化も期待できます。実際に「健健パ」は生協を会場としているため、運動教室の帰りに参加者が多く買い物をして帰っています。買い物はそれ自体が認知症予防にも良い効果が期待できますし、買い物客が増えることはそのまま地域経済の活性化につながります。このように地域で健康教室を開催すること、しかも住民主体で開催することはさまざまな理由からとても重要なのです。

そうした中で、「健健パ」や「元気アップスクール」などの地域住民が主体となって実施している活動で、活動を引っ張っていくリーダーを作ることが重要だと私たちは考えています。なぜなら自治体が主催している教室などと異なり、住民が有志で主催している運動教室は中心になって活動する人がなんらかの事情で参加できなくなると、あっという間に活動自体が消滅してしまうことがあるからです。

活動がうまくいっている健康教室には、その活動を引っ張っていくリーダーがいることがよくあります。しかし皆が高齢者なので、そうしたリーダーが入院や要介護状態になって参加できなくなってしまうこともまたよくあるのです。その場合、せっかく良い活動をしているにもかかわらず、残された人の中で活動を引き継ぐ人が現れなければ、その活動は立ち消えになってしまいます。

もちろん私たちもできるだけ活動が継続できるようにサポートしますが、私たちが関わっている活動は数多くあるので、すべてをサポートすることはできません。その場合、活動を中心的に支えていた人がいなくなったら、その地域での健康教室自体がなくなってしまうこともあるのです。このように考えると、活動を支えてくれるリーダーがいること、それも複数いることは活動の継続に極めて重要だと分かります。

住民主体の活動にリーダーが不可欠であることは、同様の取り組みをしている他の地域でも指摘されています。例えば、高知県高知市が介護予防事業として考案した「いきいき百歳体操」というものがあります。これは介護予防を目的に高知市の理学療法士が開発した体操ですが、とても取り組みやすい体操であったことなどから今は全国に普及しつつあります。この体操を取り入れて住民主体で開催される活動も広く行われていますが、そこでもやはりリーダーがいるかどうかは活動が継続できるかどうかに大きく関わっているといわれているのです。実際に、最初は20～30人ほどいた健康教室がだんだん下火になって参加者がわずか2、3人になって、最後は消滅してしまうといった話も他の地域ではよく聞かれます。

せっかく取り組んでいる地域の健康教室がなくなってしまわないためにも、リーダー的な存在を育成したいと行政も私たちも考えています。町の中にある複数のグループそれぞれでリーダーができれば、リーダーたちを集めて私たちが新しい体操を教えることなどもできます。健康教室は各地域にあり、そこで毎週のように活動をしているので、そのすべてに直接私たちが行くことはできません。しかし、同じ運動ばかりしていてはマンネリ化してしまって、活動が継続できない原因にもなってしまいます。

そこで、各地域のリーダーを集めて私たちがリーダーに対して新しい運動を指導するなどが有効だと考えています。年に数回リーダーに対して新しい運動を教えたり、活動をしていて分からなかったり困ったりすることの相談に乗るなどして、リーダーを育てていければ良いと思います。そして育ったリーダーが地域に散らばって、草の根活動のように地域で健康教室を根付かせてくれればこれ以上の成功はありません。地域のリーダー作りについてはまだアイデア段階で、実現には年単位の時間がかかるかもしれません。しかし、健康教室を単発で終わらせないためにも根気よく取り組んでいきたいと思っています。

「運動喫茶　憩ＩＫＯ」というのは、行政からの依頼ではなく介護施設とのコラボレーションで実施している事業になります。これは近隣の介護施設を会場として、地域の人たちを対象に実施している運動教室です。特徴的なことは、介護施設で実施しているものですが対象は施設内の人だけではなく広く地域住民に開かれていること、さらに施設が送迎車を出して参加者の送迎まで行っているところです。

これは非常に理にかなった取り組みです。介護施設は多くの人が集まれるような場所もありますが、そうしたホールはいつも使うわけではありません。また、利用者を送迎するための送迎車も日中は使わないことが多く、反対に地域で過ごす高齢者は移動手段がない人が多くいます。そこですでにある資源を有効活用する意味でも、既存の介護施設を会場としてそこへ私たちが出向く形で健康教室を開催しています。実は、こうした取り組みは全国的にもあまり多くはなく、私たちもまだ手探りで始めたばかりの試みです。しかし地域の資源を有効活用して元気な高齢者を増やす取り組みとして、極めて画期的だと考えています。

また、これらの活動に加えてそれぞれの専門職がさまざまな研修会で講師を務めています。一例を挙げるとヘルパーの初任者研修や介護福祉士の実務者研修、認知症サポーター養成講座、専門学校の講師、認知症サポーターキャラバンのチームオレンジフォローアップ講座、生活支援コーディネーターなどです。地域の人が介護や認知症の知識を身につけるための研修でも講師を務めていますし、専門職がより専門性を高めるための研修でも講師を務めています。また、決められたカリキュラムに沿って教えるだけではなく、どのような内容の研修をするのが有効か、研修内容の企画にも関わっています。

なお生活支援コーディネーターとは、高齢者の生活支援を行う人のことで「地域支え合い推進員」とも呼ばれます。増え続ける高齢者を支えるためには介護職が必要ですが、介護職はどこの地域でも不足しているのが現状です。そこで、介護職とボランティアの中間に位置する人材を養成しようというのが地域支援コーディネーターです。厚生労働省が提唱して実際の養成は自治体が行っています。

声掛けによる行方不明防止で模擬訓練にも参加

認知症サポーターとは厚生労働省が旗振りをして全国で養成を進めている活動であり、認知症の人と家族の応援者のことです。認知症サポーターは何か特別なことをする人ではありません。厚生労働省は「認知症について正しく理解し、偏見を持たず、認知症の人や家族を温かい目で見守る人」を「応援者」と定義しています。認知症サポーターは、養成講座などで学んだ知識を活かして地域で気になることがあればさりげなく見守ったり、町中で困っている人がいたら自分のできる範囲でサポートしたりするなどが期待されています。

例えば町で高齢者が道に迷っていたり、具合が悪そうだったり、お金の支払いに戸惑っていたり、無理な横断などの危険な行為をしていたり、左右で異なる靴を履いているなどどこか様子がおかしかったりしたときに、周りの人がさりげなく声を掛けて必要な手助けをすることが、認知症の人や高齢者の安全・安心につながります。私たちは、このような認知症サポーター養成の講座において講師役などを引き受けています。

自治体の認知症に関する施策への協力では、認知症高齢者の行方不明を防止し、安心して地域で暮らせるための取り組みである「SOSネットワーク」にも参加しています。認知症が増える中で散歩中にそのまま行方不明になってしまう高齢者が年々増えています。そこで、認知症の人が行方不明になることを防ぎ、万が一行方不明になってしまった場合でも無事に自宅へ帰ることができるように、今は全国でSOSネットワークの構築が進められています。私たちも上郡町に協力する形で、このネットワークの構築に取り組んでいます。

SOSネットワークとは、①行方不明が心配な人の情報を市町村などに事前登録して、日頃の見守りや支え合いを地域単位で行う、②認知症の人が行方不明となった際に、ネットワーク構成機関などが情報発信して早期発見につなげる――という2本柱の活動です。

ネットワークでは行方不明が心配な人について、氏名（旧姓）や生年月日、住所、身体的特徴（身長、体重、足のサイズ、ほくろの位置など）、最近の顔写真、よく行く外出コース、緊急連絡先など、発見につながる情報を事前に登録します。そしてもしも行方不明が発生したときは、自治体のSOSネットワーク事務局からSOSネットワーク構成員（協力機関など）に協力依頼が来る仕組みです。

この活動の一環として、ネットワークを活用した模擬訓練（模擬捜索、声掛け体験など）も実施しています。ネットワークを作るだけではなく定期的に模擬訓練を行うことで、連絡体制や協力活動を実際に体験して、万が一のときにネットワークが正しく機能するか点検することが目的です。

これは実際に体験してみると非常によく分かるのですが、いざ町の中でちょっと様子がおかしいと感じる高齢者を見かけたとしても、慣れていなければ声を掛けるのには勇気がいります。ちょっとおかしいと感じたとしてもその人が本当に認知症かどうかは外から見るだけでは分かりませんし、適切な声掛け方法というのも分からないからです。だからこそ、年に1度など模擬訓練をすることは重要です。

模擬訓練では、私たちは認知症の患者役をやりました。これは患者のふりをして、地域のサポーターたちに声を掛けてもらう役です。訓練をするにあたっては、参加者には事前に認知症の症状に関する基礎知識を学んでもらいました。そのうえで、実際に認知症の高齢者が目の前を歩いていたとしたら、どのように声掛けをしてそのあとはどのように役場や自宅へ連れて行くのかなど、実際に遭遇したときと同じようにシミュレーションをするのです。

訓練は非常に本格的で、参加者には誰が認知症の役の人か事前に知らされずに行います。参加者が知らされるのは実際に行方不明者が出たときとほぼ同じ情報で、認知症の役の人の名前と服装、その他眼鏡やカバンなどの目印、自分の名前が言えるかどうかなどの認知能力です。その手がかりを頼りに町の中を歩き、認知症の役の人だと思われる人に声を掛けます。

私は認知症で自分の名前も分からない患者役を演じました。一方で、山中は理学療法士ならではの視点で脳梗塞の患者を演じました。脳梗塞で軽い麻痺があり、短期の記憶が分からないため話した内容をすぐその場で忘れてしまうという患者像を作って、そのような患者の役を演じきりました。

模擬訓練が終わったあとは、皆で訓練を振り返って反省会をしました。そこで参加者の声を聞いてみると、認知症役の人は「知らない人に声を掛けられて役場などへ連れて行かれることが怖かった」と言っていましたし、反対に認知症の人を見つける役の人たちは「認知症かもしれないと思っても、実際に声を掛けるのはとても難しかった」と感想を漏らしていました。

訓練だと分かっていても、知らない人に声を掛けて保護したり役場へ連れて行ったりすることは、声を掛ける側からしても掛けられる側からしても慣れていないと難しいものです。私自身、訓練と分かっていても見ず知らずの人から「○○さんですね」と声を掛けられて、手を引かれて役場へ連れて行かれるのには戸惑いを感じました。

また、模擬訓練を通して高齢者を探すときにどのような情報があれば良いかも皆で振り返って考えました。SOSネットワークでは高齢者が立ち寄りやすいような地域の店や喫茶店なども緩やかに連携して、皆で高齢者を見守る体制を整えます。そのようなときにどういった情報があれば行方不明者を見つけやすいかなども、模擬訓練を通して見直すことができるのです。

余談ですが、私は地域の参加者に認知症の人であることを疑われて役場に連れて行かれましたが、私と一緒に認知症の人の役として参加した山中はまったく声を掛けられませんでした。あとから参加者に聞いたところ、誰も山中が患者役だとは気づかなかったそうです。それどころか山中のことを見かけた参加者は「あの人は体が不自由なのに頑張って歩く練習をしているのだろう。大変だな」と、本物の患者だと思って疑わなかったのだと言っていました。リハビリのプロが本気を出して演じたので、あまりにリアルでまさかそれが演技だとは誰も思わなかったようです。

行政から依頼を受けて行ったり、地域の介護施設や住民と一緒になって行ったりしている運動教室は、経営的にメリットがあるかといえば実はそれはあまりありません。私たちは民間の会社であり、あくまでメインの事業は訪問看護や居宅介護支援事業だからです。ですから目先の利益だけを考えていたら、このような地域活動を行うことはあまり意味がないのかもしれません。

それでも私たちは地域活動をやめようとは思いません。それどころか、今後もさらに力を入れて取り組みを展開していきたいと考えています。地域全体が元気になるために何が必要とされているのか、直接地域の人と関わることで感じることやヒントになることが多くあります。こうした地道な取り組みを続けることで地域全体が元気になれば、それは私たちにとっても大きな収穫に結び付くと考えているのです。

SNSや動画配信で積極的に情報発信

また、私たちは自分たちが取り組む活動を多くの人に知ってもらうために、SNSなども積極的に活用しています。会社としてのホームページに加えて、YouTubeに動画をアップしたり、Instagramを活用したりなど情報発信にも力を入れています。

YouTubeで動画を公開したりSNSで情報を発信したりすることは、私たちの活動を多くの人に知ってもらうためにも、また地域の活性化のためにもとても重要なことです。SNSなどを通して日々の活動を情報発信することで、私たちがどのような理念を持って毎日どのようなことに取り組んでいるのか、地域の人に具体性を持って伝えることができるからです。また写真や動画を通して活動の様子を直接見せることで、見た人に信頼感や親しみを感じてもらうことができます。

ＳＮＳやYouTubeの活用は、地方の小さな企業にとっても非常に重要なツールです。私たちは都会の大企業のように、広報に人手や予算などのリソースを割くことはできません。しかし、ＳＮＳやYouTubeを使うことで日本中に情報発信ができます。これによって、私たちの地域以外の人にも私たちの活動を知ってもらうことができます。あるいは離れた地域にいる利用者の家族にも、私たちがどのような会社でどのような活動をしているのかを知ってもらうことができるのです。また、比較的ユーザーの年齢層が若いとされるInstagramなどを活用することで、医療や介護の話題を若い世代にも知ってもらう機会につながります。さらには私たち自身の活動を知ってもらうだけではなく、上郡町という地域について知ってもらうことにも貢献できるのです。

YouTubeでは、これまで地域の運動教室で取り組んできた脳活プログラムを中心に、すでに３００本近い動画を公開しています。介護予防では実際に体を動かして運動に取り組んでもらうことが必要ですが、運動はなかなか言葉で伝えることはできません。しかし動画を公開することで、どのような運動をすればいいかがより伝わりやすくなります。運動教室に参加できない人が自宅で運動をしたいと思ったとき、あるいは参加者が教室のない日に自宅で体を動かしたいと思ったときなど、いつでも見て練習できます。このような取り組みも、長い目で見れば地域の健康増進につながっていると自負しています。

このような取り組みを通して私たちの存在を知ってもらうことの意味は大きいと思います。実際、さまざまな勉強会の講師をしたり地域の運動教室を実施したりしているうちに、私たちのことを知ってくれる地域の人が増えてきました。今では訪問で地域を回っているときにYouTubeやInstagramを「見ました」と言ってもらえることがよくあります。山中に関していえば、リハビリ担当の職員だとは知らず、「お笑い担当の職員さんやね」と言われたこともあります。また、新しい利用者として相談に来た人が以前、私が講師を務めた認知症の勉強会に参加してくれた人だったということもありました。勉強会やSNSなどを見て声を掛けられることが増えてくると、地道にこつこつと情報発信してきたことが大きな力になっていると感じます。情報発信や勉強会は、すぐに利益を生む活動ではないかもしれません。しかし、長い目で見て地域が元気になることが私たちの会社の成長にもつながると信じつつ、日々活動に取り組んでいます。

これら以外にも、看護師やリハビリ専門職などの専門家が地域へ出て住民と接することで、病気の早期発見につながったケースがあります。実際にあったケースとして、地域の運動教室に参加していた住民で、言語聴覚士の目で見て話し方などに違和感を覚える人がいました。よくよく聞いてみるとその人自身も最近体を動かしにくく、しゃべりにくさや飲み込みにくさを感じていたものの、それほど深刻にはとらえておらず受診もしていないということでした。そこで、もしものことを考えて言語聴覚士から病院の受診を勧めたところ、やはり病気が見つかったのです。

これは偶然の結果ですが、やはり地域へ専門職が出て普段から住民と関わることは、病気の早期発見・予防のためにも効果的だと考えられます。もしもこの人が運動教室に参加していなかったら、あるいは教室に専門職が関わっていなかったら、もっと進行するまで病気は見つからなかったかもしれないからです。

介護予防の取り組みで介護費が2000万円削減

会社を作って約5年間、訪問看護で目の前の患者・利用者を支えると同時に、これから患者や利用者になる人を一人でも減らそうと介護予防に取り組んできました。そのことが実を結んだことを示す、非常に嬉しい結果も得ることができました。

それは、上郡町の介護医療費が目に見えて削減できたことです。上郡町によれば2022年に比べて2023年の介護医療費が、約2000万円も削減できました。これは町の予算規模からすれば、非常に画期的な成果だといえます。上郡町もこの結果に驚いて、訪問看護事業所や居宅支援事業所、介護施設などさまざまな事業所が集まる連絡会でこの成果を公表してくれました。

この結果は、私たち自身にとっても非常に大きな自信につながる結果です。もちろん、私たちだけの力でこのような成果を出すことができたわけではありません。上郡町は非常に介護予防に力を入れている自治体で、私たちにもさまざまな事業を任せてくれました。そうしたことがトータルで住民の疾病予防や介護予防、医療費削減、介護費削減につながっているのだと思います。実際に、私たちは上郡町や隣町の佐用町だけではなくより広い地域の介護やネットワークにも参加していますが、他の町と比べても非常に町を挙げて本気で介護予防に取り組もうとしていると感じます。

町役場から聞いた話では、元々町自体で介護予防に取り組みたいという思いや構想自体は持っていたということでした。しかし、町としてやりたいことやアイデアはあっても、それを実際に引き受けてくれる事業所がなかなか見つからなかったということです。

本気で介護予防に取り組むには、看護師やリハビリ専門職や介護の専門職などさまざまな職種が幅広い視点で関わることが必要ですが、そのような事業所が地域にこれまでほとんどなかったのだと思います。これまでも私たちがやってきた運動教室のような事業をやりたいと事業所を募ったことがあったそうですが、手を挙げて参加する事業所はありませんでした。そのようなタイミングで私たちの会社ができたので、もしかしたら役場にとっては「渡りに船」だったのかもしれません。

私たち自身も、まさに地域で活動したくて独立してきた仲間ばかりなので、介護予防を中心にこれほど深く地域と関わることができて本当にやりがいを感じました。病院や施設に勤めていてもある程度は地域で活動ができますが、なかなかここまで本腰を入れて関わることはできません。その点は、私たちのやりたいことと役場の思いが一致した、本当に幸運なケースだったと感じています。

運動教室は地域の貴重なコミュニティとなり、地域住民の交流や地域の活性化にもつながりましたが、その理由の一つとして私たちの会社ができたのがコロナ禍の頃だったということも関係しているかもしれません。私たちの会社ができたのは、2019年の12月3日です。まさにその月に中国の武漢市でコロナの感染1例目が報告され、それから数カ月のうちにあっという間に世界中がパンデミックの混乱に陥りました。

コロナ禍では、社会全体で人との接触を最小限に抑えて感染を防ぐために、外出自粛やイベントの中止が相次ぎました。これによって日常的な友人や家族との交流が一切止まり、多くの人々が孤立感を抱えるようになりました。高齢者や一人暮らしの人は、それまで当たり前に行われていた人とのつながりが突然なくなれば、精神的なストレスや不安が増加します。コロナ禍では対面での交流が制限された分オンライン上の交流が盛んになりましたが、そうした交流は高齢者にはなじみませんでした。

それまで開催されていた多くの活動が休止する中で、高齢者向けのイベントや健康教室もやはり例外ではありませんでした。コロナ禍では高齢者を対象とした健康教室や講演会なども、多くが閉鎖されて長らく活動を休止することになりました。

そうした中で、私たちが関わっている健幸くらぶをはじめとする運動教室は多くが2021年にスタートしました。当時はまだ感染が収まる気配はなく全国でクラスターも起きて、まだまだコロナの感染が激しい時期でした。しかし、それでも上郡町は教室を中止するという判断はしませんでした。町としては、その教室から感染者が出た場合は休止するけれども、そうでない限りはできるだけ活動は継続するという方針だったのです。そこで、私たちも感染対策を万全にしたうえで、可能な限り運動教室をストップすることなく続けていきました。

これは、今考えれば非常に良い決断だったと感じています。コロナは高齢者の重症化リスクが高いということで、特に高齢者向けの教室やイベントは長い間休止するところが多くありました。その結果、高齢者の引きこもりが助長され、フレイルが懸念されることになったのです。要介護になるのを防ぐにはフレイルを予防して、早期に介入して対策を取ることが必要です。ところがコロナ禍で引きこもりの高齢者が増えたことによって、かえってフレイルの高齢者が増えてしまったのです。

高齢者向けの教室やイベントが休止されても、都会ならばちょっと買い物に行ったり気分転換で喫茶店に行ったりなど、高齢者が出かける場所が複数あります。しかし地方では高齢者が出かける場所が少ない地域もありますし、そもそも車がなければどこへも出かけられない高齢者も多くいます。私たちの地域も高齢者が自分で気軽に出かけられる場所は多くないので、地域の健康教室は貴重なコミュニティなのです。

また、高齢者は新しいことを始めるのに若い人よりもエネルギーが必要なことがあります。日課として運動教室への参加が習慣になっていれば無理なく参加できるはずが、一度教室がストップしてしまうとそれに再び取り組むのが難しいことがあるのです。

その点、私たちが関わる運動教室は2021年度にスタートしたことと、町役場が感染対策を万全にしたうえで活動を継続するという方針だったので、活動をやめることなく今日まで継続できました。それによって、少なくとも上郡町の高齢者はコロナ禍でも運動教室という行き場を持つことができ、行けば当然のことながら運動も、他の参加者とおしゃべりもします。こうしたことが総合的に、住民の介護予防や健康の維持につながったのではないかと思います。

このように私たちは、地域の健康づくりを支えるために、訪問看護事業だけでなく高齢者の健康維持や介護予防を目的としたさまざまな活動を展開しています。これらの活動は、単なるサービス提供にとどまらず、地域全体の活性化にも貢献していて、住民同士の交流を促進し、地域の結束力を強める役割も果たしているのです。

［第6章］

これからの地域医療にとっての模範となるために利用者が最期まで笑顔で過ごせる福祉のカタチを目指して

いつでも気軽に立ち寄れるコミュニティサロンの立ち上げ

私たちが目指すのは、地域医療・福祉が持つ可能性を最大限に発揮することで、住民一人ひとりが最後まで笑顔で安心して暮らせる地域を作ることです。その目標に向けてこれまで終末期のケアや多職種連携、コミュニティの活性化による町づくりなど多くのことに取り組んできました。私たちの挑戦はまだまだ始まったばかりですが、医療資源が少なくて苦しむ地域の好事例となれるように今後もさらに活動を広げていきたいと思っています。

設立から5年を迎えて、私たちが今後取り組みたいと考えていることの一つが地域の人がいつでも気軽に立ち寄れるコミュニティサロンのような場所を立ち上げるということです。地域の人がいつでも立ち寄れて、しかもそこには医療や介護の専門職がいるという場所を作りたいと思っています。

もちろん私たちが関わっている運動教室は、地域住民の交流の場所になっています。住民たちは運動教室に参加して運動したりおしゃべりしたり、帰りに買い物をしたりなど運動以外の交流にも役立っていると感じます。しかし、運動教室は月に何回、週に何回で何曜日など、開催する日時は決まっています。そのため地域住民がいつでも気軽に立ち寄れるという場所ではありません。

また、運動教室は多くが公民館や体育館などの場所で開かれますが、そうした場所はいつでも開いているわけではなくイベントや教室が開催されるときだけ開かれるので、やはりいつでも立ち寄れるというわけにはいきません。

私たちが作りたいのは、教室やイベントが開かれるからなど何か目的があって行くのではなく、ちょっとおしゃべりがしたいときやお茶を飲みたいと思ったときに集えるサロンです。そこでは、コーヒーを片手にリラックスしながら、運動教室への参加を決めたり新しい趣味を見つけたりなど、多岐にわたる活動ができます。運動教室で運動をしている人もいれば、ただ単にお茶を飲んでいる人もいるような、自由でオープンな空間をイメージしています。

さらに、常時看護師やセラピスト、ケアマネジャーなどの専門職がいるということは、大きな特徴になります。専門職が常駐することで、住民が日々の健康や生活に関する相談を気軽にできる環境を提供できるからです。

生活の中で困りごとがあっても、いきなり役場や地域包括ケアセンターに行って相談するのはハードルが高いと感じる人がいるかもしれません。その点、地域のサロンであれば気軽に立ち寄っておしゃべりをする中で、かしこまらずに家族の介護の悩みや自分自身の体調のことなどを相談できます。看護師やケアマネジャー、セラピストなどが話を聞くことで、医療機関の受診や介護保険の申請など適切な支援につなげることができるのです。

このように地域の拠点となるコミュニティサロンができることによって、地域住民の交流が活発になって地域が活性化するほか、医療・介護職が常駐することで地域全体の健康意識が高まることも期待されます。高齢者にとっても病気や障がいのある人にとっても、このような場所があることは大きな安心感につながるはずです。そしてこうした地域密着型の取り組みが、高齢者や体の不自由な人たちにも優しい、安心して過ごせるコミュニティの形成に貢献できるのです。

専門職の研修で引き出しを増やす

このコミュニティサロンでは、地域住民の交流や相談だけではなく、専門職の研修も行いたいと思っています。看護師やセラピスト、ケアマネジャー、介護職員など多様な専門職が集って研鑽を積める場所にもしたいと思っているのです。

研修を通じて地域の専門職同士のネットワークが形成されれば、さらなる情報共有や連携体制の構築が期待できます。異なる分野の専門職同士が協力し合うことで、総合的なケアが可能になるからです。こうした専門職同士の連携は、特に医療・介護資源が乏しい過疎地域において、すでにある資源を有効活用して最大限のサービスを提供するためにも不可欠です。このように私たちのサロンは、地域の専門職のハブのような存在になることも目指しています。

看護師やセラピストなど医療や介護職は、ベースとなる国家資格などに加えてさまざまなプラスアルファの資格や認定があります。今、同じ職種であってもプラスアルファで学ぼうとする人とそうではない人とで大きな差がついてきているように感じています。もちろん資格だけが重要だとは思いません。資格がなくてもきちんと専門職として仕事をしている人はたくさんいるからです。

一方で、私たちは専門職ですから「知らない」ではすませられないことがあるのも事実です。何よりも、私たち自身に知識がなければ、それはそのまま利用者や患者の不利益につながってしまうのです。勉強をするということは、それだけ引き出しが増えるということです。引き出しが増えれば、それだけ利用者や家族に提案できる選択肢も広がります。

例えば医療や福祉分野などでは、さまざまな補助や助成、支援制度があります。しかし、これらの制度はその制度があることを知ったうえで、本人がその制度を使いたいと言って申請しなければ利用できない仕組みになっています。これは多くの支援制度が同様です。黙っていても、行政から「あなたはこの制度が使えるから使いなさい」などと言うことはないのです。

だからこそ、私たち専門職が関連する制度のことを把握しておいて、対象になりそうな人には制度のことを伝える義務があると私は考えています。そうでなければ、その人は困っているのに支援制度を受けられないことになるかもしれません。そのようなときに、そもそも私たち自身がその制度のことを知らなければ困っている人に伝えることもできません。そのせいで自分の利用者が不利益を被るようなことがあったら、それは伝えなかった専門職の罪ですらあると思うのです。だからこそ、私たちが日々研鑽してその成果を地域に還元することは何よりも重要だと思っています。

災害時には避難場所としても機能できることを目指して

このサロンは日常的には地域コミュニティの交流の場として活用しますが、災害時には避難場所としても活用したいとも考えています。日本は地震や台風、津波など、多くの自然災害のリスクにさらされている国です。そのため、万が一のときにどうすれば地域住民の安全を守ることができるのか、平時から災害に備えることが非常に重要です。特に高齢化が進む地域では、避難をするにも時間がかかることがあります。だからこそ地域住民がアクセスしやすい避難場所を提供することがとても大切なのです。

避難所としてはすでに公民館などが災害時の避難場所に指定されていますが、必ずしも災害時に十分に機能するとはいえない可能性があります。公民館は基本的に近所の人たちが集まる場所なので駐車場は広くありませんし、建物も古いものが多くなっています。そのためいざ避難しようとしても、出入り口に段差があったり車椅子で移動できるようになっていなかったりなど、高齢者や障がいのある人が避難するには機能が十分ではない面もあるのです。

新たに立ち上げるサロンはバリアフリー設計として、災害発生時でも多くの住民が安全に避難できるようにする計画です。この避難場所としての機能には土地のオーナーからも強い賛同を得ていて、地元のニーズが高いと感じます。私たちのサロンが新たな安全な避難場所となることで、地域の安全性をさらに強化したいと考えています。

私たちは地域住民の望みを叶えたり生きがいを応援したりするためにさまざまな活動をしていますが、このサロンは生きがいを作り出すことにも役立つと考えています。例えば上郡町は非常に緑豊かな土地なので、地域の高齢者は畑で作物を作ることを趣味や生きがいにしている人が多くいます。私たちは目的を持つことで元気になれますが、畑で作物を作ること、さらにはそれを誰かに食べてもらったり少しでも対価を得たりすることは、大きな生きがいにつながります。

ならば、このサロンも生きがいを応援するために最大限活用できればいいと思っています。地域の高齢者が野菜を作ったらサロンで産地販売のような取り組みもできると思います。あるいは野菜にこだわらずに趣味で作ったものを展示したり販売したりなど、得意なことを活かして地域に貢献する場所を提供することもできます。

たとえどのように小さな取り組みであっても、それを誰かに評価されたり感謝されたり、あるいは対価を得たりすることは大きな生きがいにつながります。そこで得た対価を家族や孫のために使うことができれば、高齢者の自尊心を満たして社会とのつながりを実感させて、他者からの感謝や評価を感じる機会を提供できます。これは、これ以上ない健康増進であったり介護予防であったり、生きがいの創出であると私は考えています。

医療や介護で体が健康になることをサポートすることは最も基本となる部分ですが、そのうえで生きがいを持つか持たないかというのは健康に長生きできるかどうかに大きく関わっていると、日々多くの高齢者に関わる中でつくづく感じています。誰かの役に立つこと、あるいは誰かに必要とされるということは、何歳になっても絶対に必要だからです。

私はこれまで、本当は自宅で過ごしたいと思いながらも家族に迷惑をかけることを恐れて施設や病院を選ぶ人を数え切れないほど見てきました。誰も、家族やほかの誰かの世話になりたくてなる人などいないのです。しかし要介護になって迷惑をかけていると負い目を感じてしまうと、家族にすら本音を言うことができなくなってしまうのです。

だからこそ多くの人が寝たきりにならずに「ピンピンコロリが良い」と希望しています。ではどうすればピンピンコロリになれるかといえば、やはり生涯現役であることが一つの答えだと私は思います。70歳になっても80歳を過ぎても、その人のできる範囲で役割を持つことが結果として健康寿命を延ばすことにつながると感じるからです。だからこそサロンの開設を通して、高齢者が社会とつながり続けることを応援し、彼らが自分の価値を再確認して活力ある生活を送れるようにしたいと願っています。これは、高齢者にとってでも地域社会にとってもメリットがあり、活力ある地域の創出にもつながると信じています。

地域共生社会の中で全世代が交流できる場所を作りたい

今、日本全体で地域共生社会の実現が求められています。厚生労働省によれば、地域共生社会とは「制度・分野ごとの『縦割り』や『支え手』『受け手』という関係を超えて、地域住民や地域の多様な主体が参画し、人と人、人と資源が世代や分野を超えてつながることで、住民一人ひとりの暮らしと生きがい、地域をともに創っていく社会」のことです。これまで日本では高齢者や障がいのある人、子どもなど対象者ごとに支援制度を整備して、いわば縦割りの支援が中心に行われてきました。

しかし、近年では介護をしながら育児をするダブルケアや障がいのある子どもと要介護の親世帯、「8050問題」などに表される引きこもりの子どもと高齢の親など問題が多様化し、縦割りの支援では対応が困難なケースが増えてきています。こうした中で、年齢や性別、あるいは支援の「支え手」「受け手」などの垣根を超えて、すべての人が役割を持ってともに支え合う地域共生社会がますます重要になっているのです。

こうした背景を受けて、私たちのサロンでは単に高齢者向けの施設としてではなく、全世代が交流できる場として機能することを目指しています。このサロンでは、小さい子どもから高齢者まで、さまざまな世代の人々が集まり、互いに学び、支え合う場を提供したいと思っています。今は主に高齢者向けの運動教室などを行っていますが、今後は必ずしも高齢者向けのコンテンツだけではなく、子ども向けや高校生向け、子育て世代向けなど幅広い人に興味を持ってもらえるプログラムなどを考えていきたいと思っています。

子どもが来れば当然のことながら親も来ますし、もしかしたら祖父母も一緒に足を運んでくれるかもしれません。そうして年齢や性別関係なく多様な人たちが集まれる場所になれば、まさしくこのサロンが地域のハブとなれるはずです。たまたまですが、サロンを作る場所の隣はこども園になっていて、交流しやすい環境になっています。この環境を活かしてこども園の子どもたちと私たちの教室を利用する高齢者が触れ合うイベントを企画することもできますし、ほかにもアイデア次第で高齢者と子どもが一緒にできることは多くあると思います。サロンとこども園が隣接しているという環境を活かして、多様な世代が集える場所作りを目指したいと思っています。

またこども園だけではなく、サロンには高校も隣接しています。こども園と同様に高校などとコラボレーションすることで、世代を超えた交流を実現したいとも思っています。例えば、高齢者から若い世代に自分たちの知識や経験を伝える場を作るのも良いと思います。あるいは学生に向けて医療や介護の実際の現場を体験してもらうことによって、学生の職場体験や将来の職業の選択肢として医療・介護分野に興味を持ってもらうことにつながるかもしれません。

また、サロンを通して地域の活性化ができれば町に若い人を呼び込むきっかけにもなる可能性があります。この高校にはかつては町内の生徒たちが通っていましたが、今では多くが町外から通ってくる生徒ばかりです。地域の少子化は深刻で、手をこまねいていたら本当に消滅可能性自治体としてやがてはなくなってしまうかもしれません。そうならないためにもできることはなんでもやって、町や人を元気にしたいと思っています。それによって、そこに住むすべての人を笑顔にできると信じているからです。会社の理念のとおり、そのことこそが地域の人を含む私たちが縁のあるすべての人たちに、できる恩返しの一つになるのではないかと思います。

新会社を立ち上げて思いを共有する仲間を増やす

多世代が交流できるサロンの開設に加えて、もう一つ大きな展望があります。それは新会社の設立です。これは山中が中心になって立ち上げ準備を進めています。新会社の主な目的は、介護予防や健康教室などの保険外サービスに特化し、特に医療保険や介護保険の枠に収まらないサポートが必要な人を対象にサービスを展開することです。

私たちはこれまで医療保険、介護保険、そして保険外サービスのどれも対応してきましたが、やはり保険の範囲内でできることは非常に限られていると感じています。国の呼びかけでは「切れ目のないケア」と言っていますが、現場で利用者や患者に対応しているとどうしても対応できないすき間ができてしまっているのです。

例えば介護保険サービスを使うには要介護の認定を受けなければなりません。しかし、要介護の認定が出るにはさまざまな条件があり、申請をしたからといってすべての人が認定を受けられるわけではありません。高齢でサポートは必要だけれど、要介護の認定の対象にならない人は、ケアマネジャーがつくこともなく介護保険サービスを利用することもできません。

あるいは医療保険については、医療保険はなんらかの診断名がついて初めて対象となるため、診断名がつかないけれどどうも体調が悪いという人はやはりサービスの対象外になってしまいます。国は予防の重要性を強く訴えていて、そのための取り組みを推奨しています。しかし一方で病気にならなければ医療保険を使うことができず、予防のための取り組みは基本的に保険の対象外です。

そのため、どうしても医療保険の対象でもなく介護保険の対象でもない、グレーゾーンのはざまにいる人ができてしまうのです。私たちは、健康寿命を延ばしたり、元気な高齢者を増やしたりすることで地域を活性化するには予防こそ重要だと繰り返し訴えてきました。だからこそ、新会社を設立してこれまで以上に保険外のサービスに力を入れることで、介護予防や健康増進に取り組みたいと思っているのです。

同時に、新会社を作ることでこれまで以上に同じ志を持った仲間を増やしたいという願いもあります。私たちは単に訪問看護を担っている会社ではありません。そうではなく、地域で過ごすすべての人と関わって、住民すべてを笑顔にする会社でありたいと願っています。

また、月並みな言い方ではありますが「愛」のある会社でもありたいと思っています。なぜなら、残念ながら多くの医療・介護施設で働く中で「果たしてそこに愛はあるのだろうか？」と疑問を持たざるを得ないケアやサービスを見てきたからです。

医療職も介護職も非常に真面目な人が多く、皆それぞれに一生懸命に仕事をしています。しかし、真面目すぎるがゆえに思考停止に陥ってしまい、必ずしも利用者のためにならないことをしているケースもゼロではありません。障がいがあって歩くことができない人が、どうしても行きたい場所があったとします。そのときに「危ないからあなたは出かけることができません」というのはあまりに不親切で、利用者に寄り添っているとはいえません。

あるいは医療依存度が高くて入院している利用者が自宅へ帰りたいと言ったとき、「自宅へ帰るのは危ないし、毎日訪問看護を入れることなどできないから無理です」というケアマネジャーがいるかもしれません。確かに医療行為が必要な人は訪問看護も多く利用することが必要ですが、だからといって絶対に無理なはずはありません。看護師が毎日訪問したら利用できる毎月の点数の上限をオーバーしてしまうならば、容態が落ち着くまでは他のサービスの利用を少しずつ削るなど、工夫の仕方はあるはずなのです。

もしかしたら本人の体の状態や家族の状況などによって、どうしても願いが叶えられないことはあるかもしれません。しかし、少なくとも全力で精いっぱい努力することは必要です。知恵を絞って絞り抜くことが専門職には求められているのです。それこそが患者や利用者に寄り添うということだからです。それすらせずに、一度作ったケアプランをかたくなに変更しようとしなかったり、「危ないから」の一点張りで利用者の願いをしりぞけたりしている人が、愛のある仕事をしているとは私には思えません。私たちは愛のある仕事ができているか常に自身に問いかけ、意識することで、利用者やその家族をはじめ縁のあるすべての人のために恩返しをしているのです。

私たちは確かに多くの高齢者や障がいのある人に関わってきましたが、それでもまだまだ分からないことは多くあります。例えば、医師から「もう二度と歩くことはできない」と宣告されていた人が、自宅に帰ったらわずか数日でベッドから起き上がって雨戸を開けていたことがあります。家族は驚いて私たちに報告してくれましたが、私は本人の様子を見ていてこれが自宅の力なのだと痛感しました。

その人は病院では気力もなく、ほとんど起き上がることもなくずっと寝たきりだったそうです。しかし、それは考えてみたら当然のことです。病院では患者の役割など何もありませんから、ただ寝ているしかやりようはないのです。それに対して自分の家ではやることはいくらでもあります。その人も朝起きて雨戸が閉まっていて部屋の中が真っ暗なのを見て「雨戸を開けなくては」と自然と思ったのだと思います。そして、雨戸を開けるために必要だからこそ立ち上がって歩いたのです。

このように、患者や利用者の持つ潜在的な力は無限大なのです。だからこそ、本人が「やりたい」と言ったことは、それが可能かどうかはおいておいて、まずは全力でサポートしたいのです。私たちが相手にしているのは生きている人間ですから、教科書どおりにはいきませんし、理想どおりにもいきません。100人いれば100通りの願いを叶えて、最後まで利用者が笑顔でいられるように――私たちの挑戦は、まだ始まったばかりなのです。

おわりに

２０１９年12月3日に上郡町で会社を立ち上げたとき、私たちの中で上郡町に住んでいる人は誰一人いませんでした。新しい人やモノが多く入ってくる環境ではない中で、町の人たちは最初、必ずしも心を開いてくれてはいませんでした。それもある意味で仕方がないことです。上郡町には秋村の実家はあったものの、誰一人そこの住民ではなかった私たちは、言ってみれば「よそ者の集まり」に過ぎなかったからです。

しかし、そのような肩身の狭い思いをしたのも本当に最初の頃だけでした。医療と福祉の力で町を元気にしたい、笑顔で元気な高齢者を増やしたいという思いで日々地道に活動を続けていく私たちに対して、やがて地域の人たちは大きく心を開いてくれるようになったからです。

今では私たちが地域へ出ていると「お疲れ様」「頑張ってくださいね」と、あちこちで声を掛けてもらえます。また地域の診療所の医師や近隣の病院の医療従事者からも、「あなたたちなら安心して患者を任せられる」と指名されることも増えました。

そのような温かい触れ合いの中で、いつしか私たちもまるで上郡町が第二の故郷であるかのように親しみを感じるようになりました。最初の頃はがむしゃらに頑張ってきた私たちですが、今は自分たちを受け入れて育ててくれたこの縁のある地域の人々に恩返しをしたいという思いでいっぱいになっています。

今、上郡町のように高齢化が進み人口減少に悩む地域は全国にあると感じています。そのような地域では、私たちの取り組み内容が役立つのではないかと考えています。

私たちは本当に小さな会社ですが、それでも介護予防などに取り組むことで元気な高齢者を増やし、自治体の介護費の抑制などに貢献できました。こうした結果は、私たちを大きく勇気づけることにもなりました。

高齢化は、決して悪いものでもなければ悲観すべきものでもありません。高齢になっても寝たきりなどにならず要介護にもならず、元気な高齢者が増えればむしろ町は活性化するのです。今では私たちは「高齢化率トップクラスをウリにすれば良い」などとポジティブにとらえるようになりました。これはすべて、上郡町という地域の人たちと一緒になって取り組んできた結果だと感じています。

高齢化は避けて通ることはできません。ですが、高齢者が増えたからといって日本の活力が失われるとは限らないのです。今後も頭を悩ませる超高齢社会に対して、喜んで立ち向かおうじゃありませんか。

私たちの取り組みが高齢化や過疎化に悩む多くの人のヒントになれば、著者としてこれ以上嬉しいことはありません。

安田由加理（やすだ ゆかり）

高校卒業後に、早く自立して生活したいという思いが強いことから、看護師である実母の影響もあり看護専門学校へ入学。1992年4月に正看護師の資格を取得し、京都府済生会病院、姫路赤十字病院にて外科、脳外科、心臓血管外科で勤務。その後、子育てのために一時仕事を離れる。2002年5月より石橋内科・広畑センチュリー病院にて通所リハビリテーション、通所介護に勤務。そこで初めて介護保険サービスに関わり、医療現場と在宅医療の根本的な考えの違いを知り、在宅介護の面白さに気づく。地域での認知症啓発事業にさらに携わりたいと思い、2017年1月より兵庫県たつの市役所の地域包括支援課に勤務、2019年12月3日、株式会社一期一会を設立し現在に至る。

本書についての
ご意見・ご感想はコチラ

過疎地域の福祉革命

二〇二四年一二月二四日　第一刷発行

著　者　安田由加理
発行人　久保田貴幸
発行元　株式会社　幻冬舎メディアコンサルティング
〒一五一-〇〇五一　東京都渋谷区千駄ヶ谷四-九-七
電話　〇三-五四一一-六四四〇（編集）
発売元　株式会社　幻冬舎
〒一五一-〇〇五一　東京都渋谷区千駄ヶ谷四-九-七
電話　〇三-五四一一-六二二二（営業）
印刷・製本　中央精版印刷株式会社
装　丁　川嶋章造

検印廃止

Printed in Japan　ISBN 978-4-344-94866-2 C0036
幻冬舎メディアコンサルティングＨＰ　https://www.gentosha-mc.com/